多様な読みを学び合う

文学の授業の創造

ヴィゴツキーの発達論から授業を見直す

児童言語研究会
関　可明　著

子どもの未来社

まえがき

今、世界では、人種の多様性を認めつつ相互に尊重し合い共存していくことが大きな流れとなっています。人それぞれの多様な生き方、様々な考え方を理解し合い協力・協同することが、学校教育に求められています。

一読総合法の授業では、児童・生徒の主体性・自主性を育てることを心がけます。児童・生徒の個性が多様であるように、子どもの「ひとり読み」（自力読み）も多様です。読みの授業で児童・生徒は、多面的（多角的）な作品世界をさまざまに捉えて発話します。それは多様性に満ちています。ともすると、それに流され、まとまりを欠く授業も見られます。そのような反省を生かし、「多様な読みを学び合う」ことを本書では追究しています。

児言研の先達は、パブロフ理論やピアジェ心理学、ヴィゴツキー心理学理論などさまざまな心理学の成果を学び、国語の授業に生かしてきました。とりわけヴィゴツキーの発達論は学ぶところ大です。児童・生徒は、一人ひとり個性的です。その個性をどのように尊重しつつ伸ばしていくか。ヴィゴツキー心理学に学び、この課題に正面から向き合い、実践・検討をしてきました。

本書のねらいと目当て

（1）児童・生徒の個性が生み出す読みの反応は、多様です。その多様な読みを生かし、自由に表現し合う。

（2）その多様な読みを相互にわかり合い深め合う。お互いに切磋琢磨し合い、啓発し合う。このような授業・学習活動の中でこそ読みの力（ことばの力・想像力など）が伸びていく。

（3）今日、多様な文学作品が生み出されています。いろんな作品世界に出会い、目を開いていく。児童・生徒が多様な文学体験をしつつ豊かに成長発達を遂げていく。その実態をありのままに捉え、理論化していく。

一読総合法の授業・実践課題

一読総合法の授業が実践されてから半世紀以上の歳月が流れました。その間、国語の授業で優れた実践がされてきました。しかし、その授業には未だ深めなくてはならない課題もいろいろあります。

① 一読総合法の授業・実践で言う「多様な読み」とはどんな読みか。
② 一読総合法の読みの授業でどんな「読みの力」をつけるか。
③ 児童・生徒の読みの力はどのように発達するか。

これらの問題をどう掘り下げていくか。この問題解決に当たって重要なことの一つは、「発達」という観点です。児童が読みの力を伸ばしていくということは、すなわち児童の「読みの発達水準」を高めるということです。

〈本書で取り上げた教材〉

第一学年　『たぬきの糸車』（『国語の授業』誌　256号　二〇一六年一〇月）
第二学年　『わたしはおねえさん』

第三学年　『モチモチの木』（『国語の授業』誌２６９号　二〇一九年秋）
第四学年　『一つの花』（『国語の授業』誌２６３号　二〇一八年春）
第五学年　『大造じいさんとガン』（『国語の授業』誌２２５号　二〇一一年八月）
第六学年　『やまなし』（『国語の授業』誌１３０号　一九九五年一〇月）

一学年から六学年までの授業を観察すると、児童の文学の読みの発達の道筋がおおよそつかめます。本書の「多様な読みを学び合う」授業・実践の追究を通して、文学を読むとはどういうことかを理解していただけるのではないかと考えます。

二〇二一年三月

児童言語研究会研究参与　関　可明

目次

まえがき

Ⅰ　子どもの発達と思考・ことば

1　「こわくない。こわくない。」という呪文……17
2　書きことばの獲得は知的飛躍をもたらす……19
3　物語を楽しむ入門期の読みの指導……20

Ⅱ　一学年『たぬきの糸車』(光村図書)

一　『たぬきの糸車』の読みと授業……27
1　題名読み……27
2　物語の舞台のイメージづくり……28
3　たぬきがわなにかかる事件を読む……30
4　書かれていない冬の場面を予想する……33
5　「たぬきの恩返し」論が浮上する……35
6　「たぬき像」を軸にして語りの世界を振り返る……39
二　自問・自答する読み(自力読み)の姿勢を育てる……41

Ⅲ　二学年『わたしはおねえさん』（光村図書）
一　子どもの発達目線から読む……45
1　『わたしはおねえさん』という題名に関わる読み……46
2　冒頭の「歌」は作品世界を方向づける……46
3　「すみれちゃん」は心に感じるものが歌となって溢れ出す……48
4　コスモスと一体化した歌……48
5　かりんちゃんの「おべんきょ。」とは何か……49
6　「わたしはおねえさん」という自覚は「今を生きる喜び」を生む……51
二　第4時　授業記録……54
三　楽しい文学の授業をこうして創る……65
1　すみれちゃんの様子・気持ちをイメージする……65
2　「おべんきょ」か「らくがき」か……66
3　「すみれちゃんになってのつぶやき」に注目……68
4　読み手の意識がかりんちゃんに向けられる……68
5　なんでこんな「語り口」なの？……69
Ⅳ　三学年『モチモチの木』（光村図書）
一　『モチモチの木』をどう読むか……73
1　『モチモチの木』の全体像……73

2 語り手の特異な語り口調は何を暗示するか……75
3 モチモチの木は豆太にとって何なのか……75
4 「やさしさ」「おくびょう」「勇気」……76
5 その晩もじさまを起こした豆太をどう見るか……79
6 語り手が主として語っている問題……79
二 『モチモチの木』の読みの発達……81
1 「豆太」と「月の夜」の場面の語りの構造……81
2 「語り手の心」を発見……82
3 「語り手」という自覚が導く深い読み……87
4 「豆太の恩返し」論を授業の中に投げることの意味……88
5 豆太の行動の根源にあるものを問う……93
6 もう一つ、文学の読みの発達ドラマがあった……94
7 自分の秘められた可能性を求めて……95
V 四学年 『一つの花』（光村図書）
一 『一つの花』をどう読むか……99
1 戦争の知識を生かしてゆみ子の世界を想い描く……99
2 「一つだけのよろこびさ」を重く受け止める……100
3 「戦争に行かなければならない日」とはどんな日だろう……102

4 「一つだけのお花、大事にするんだよう——。」という願い……104
5 それから十年、ゆみ子とお母さんはどう生きているか……105
二 『一つの花』の授業……107
1 どんな前時の想起が活発な授業を生みだすか……107
2 子どもの多面的な読みを育てる……108
3 題名『一つの花』との関係づけは伏流水となる……110
4 「一つの花」はお父さんの身代わりの花……111
5 コスモスの花の印象を引き出すチャンス到来……112
6 行間（作品の余白）を創造的にイメージする……113
7 自分の分身を作品世界に移して想像する……114
8 本当の「一つだけの喜び」とは何だろうか……115
9 『一つの花』の読みの授業で「十歳の壁」をどう越えるか……118
10 文学の読みの発達のキー・ポイント……120
Ⅵ 五学年 『大造じいさんとガン』（学図5、光村5、教出5、東書5）
一 『大造じいさんとガン』をどう読むか……123
1 「大造じいさん」と「奇襲作戦」……123
2 半世紀も愛読されつづける秘密……125
3 教科書のテキスト・三種について……126

4 「ウナギつりばり」の真相……127
二 教材化のポイント……129
1 大造じいさんの行動とその目・心がとらえた残雪……129
2 展開の内的関連を押さえて読む……129
3 大造じいさんの目がとらえた情景と心情との響き合いを押さえる……130
4 場面の情景を思いえがきながら音読・表現読みをする……131
三 全体の指導計画……132
1 全体の指導目標……132
2 全体の指導計画……132
四 『大造じいさんとガン』のノート指導……135
1 文章の不思議さ・面白さに目を開いていく読み……135
2 なぜ読みの緊張感を生み出すか……137
3 ヴィゴツキーの「自覚」論と「ノート指導」……139
4 子どもの「最近接発達の領域」(発達の最近接領域)に働きかける……140
Ⅶ 六学年『やまなし』(光村図書)
一 作品について……145
二 教師の読み……145
1 題名『やまなし』の意味するものは何か……145

2 谷川は生と死のせめぎ合いの世界か……146
3 「やまなし」は豊穣のシンボル……147
4 二枚の幻灯が構成する統一的世界……148
5 歴史の流れの中の『やまなし』……149
三 教材化にあたって(教材化の視点)……150
1 題名『やまなし』に込められた書き手の発想を追求する……150
2 二枚の幻灯を対比しつつも統一する視点……151
3 比喩表現を味わい感性を磨く……151
四 全体の指導計画……153
1 全体の指導目標……153
2 全体の指導計画……153
五 最後の立ちどまり(終結)までの授業……156
六 『やまなし』――最後の場面――関授業記録……160

Ⅷ 文学の読みの発達と授業――ヴィゴツキーの発達論から授業を見直す

一 どんな文学の授業を創るか……172
二 「話し合い」(協同の読み)と知的機能の活性化……174
三 最近接発達の領域(発達の最近接領域)を創る必要な条件(文学の授業)……180

Ⅸ　文学の読みの力

1　言語本質観に立って文学の読みを問う……183
2　文学の読みで育てる力……187
3　『ごんぎつね』の読みで育てる力……190
4　一読総合法の話し合いの過程で育つ力……198

Ⅹ　一読総合法に関わる用語解説　201

あとがき　209

参考文献　211

索引　212

授業者紹介　214

Ⅰ　子どもの発達と思考・ことば

1　「こわくない。こわくない。」という呪文

2　書きことばの獲得は知的飛躍をもたらす

3　物語を楽しむ入門期の読みの指導

1 「こわくない。こわくない。」という呪文──自分を励ます思考・ことばのはたらき

一年生の児童は、入学当初の四月に読めなかった文字（平仮名など）が夏休みの前にはほとんど読んだり書いたりできるようになります。自分のしたことも数文、書けるように発達します。その発達は、目を見はるものがあります。

勉強中でも勝手に立ち歩いたり、友達とおしゃべりしたりしていた児童の行動にも変化のきざしが見えるようになります。わかるように言って聞かせると、うなずいて「わかった。」と、納得します。このような児童の行動の変化は、どのような発達のメカニズムで起こるのでしょうか。

岡本夏木（発達心理学者）は、「子ども自身のことば」が、子どもの内面においてどういう働きをするかということを定式化しました。

「子どもは、ことばによって、外界の対象を表示するだけでなく、自分の状態をも表現するようになってゆく。そしてことばを用いて、自分の情動や行動を統制したり、さらにその行動の主体である自分という存在そのものを一つの対象として扱うことが可能となってゆくのである。」（『子どもとことば』１６１頁　岩波新書）

「子ども自身のことば」（内言）が、ものごとを表示する記号のはたらきをするだけではなく、自分の心身の状態を、「頭が痛い。」（ことば）と、言語で他者に伝えることができるようになる。そればかりでなく、自分の感情や行動をコントロールする働きをするというのです。

私にもこれを裏付ける経験があります。夏の低学年の水泳教室での一連の指導の中でのこと。

・プールの中に後ろ向きで入る　↓　「1，2，3」と、唱えて水中に潜って顔を出す　↓　（上がって）プールサイドに正面向きで立つ　↓　「1，2，3、トボン」と、唱えて足から水中にトボンと入る（何回か一連の水中に入る行動の練習をする）

そのうちほとんどの子が前向きで立った姿勢から水中に入ることができました。中に怖がって水に入らない子がおりました。私はプールの水の中に立って、プールサイドのその子に声をかけました。

「『こわくない。こわくない。』と、声に出してごらん。さあ、声に出してー」

「こわくない。こわくない。」（児童と唱和する）

このようにことばに出して水に入る練習をしているうちに、その子も自力で水中に入れるようになりました。そばにいて見ていた子がつぶやきました。

「『こわくない。こわくない』って、呪文みたいだね。」

自分が自分に、「こわくない。こわくない。」と、言い聞かせる。このことばが、怖いという感情をコントロールする。本当におまじないの呪文のようです。

「ことばを用いて、自分の情動や行動を統制する。」

こういうことばのはたらきの大事な作用を私は、実感しました。

児童言語研究会では、岡本夏木らの研究に学び、自分の内面に意識を向け、内面の状態をことば（内言）で自覚するという実践（意識を操作すること）をしてきました。この意識の操作が、文学の読みにおいても大事な働きをするのです。それはこの後、おいおい書いていきます。

2　書きことばの獲得は知的飛躍をもたらす

書きことばは、就学以前に習得する子もいますが、通常、学校に上がって、平仮名、片仮名、漢字、数字などの読み書きを身につけていきます。

国語の授業で前日の放課後の公園での遊びを思い出して話す学習活動を私は、行いました。話し手は、雄一（児童名は仮名）です。「第一公園での遊び」についての話です。

「きのう、第一公園で遊びました。ジャングルジムで鬼ごっこをしました。ぼくが鬼になりました。けんた君にタッチしようとしました。けんた君は高いところににげました。……」

話し手・雄一の目の前にはその健太がいます。彼は、そうだというようにうなずいて聞いています。雄一はそれに励まされるかのように話しつづけます。

このような前日の経験を思いだして作文用紙に書く活動を連鎖して行いました。

「今、雄一君が昨日のことをよく思いだして話したね。今度は、思いだして書いていこう。」

「『遊んだこと』を書いていくんだよ。」と、水を向けます。思いだして話せた雄一の鉛筆がなかなか進みません。

「どうしたかな。今、話したことを書いていけばいいんだよ。」

こう誘っても雄一は、じっと考えているようです。

雄一の目の前に今、あるのは、ジャングルジムではありません。書くのは昨日のできごとです。経験したことを想起することが第一歩。話す時には目の前に健太という聞き手がいました。書く時は目の前に遊び相手はいません。書きことば（書く活動）は、話しことば（話す活動）よりも抽象性が高いのです。それに思いだした場面（表象）を文字で書き表さなくてはなりません。作文に書くという行為は、ことばを文字に書き表していく言語活動です。書き手のつぶやきです。

（「ジャングルジム」は、どうやって書くんだっけな。）

このように、心でつぶやきつつ文字に書き表す過程を経なくてはなりません。

（1）「公園で遊んだこと」を想起する　↓　書く相手を意識する（友達か先生か…）

（2）想起したことをことば化（内言）する

（3）それを一文字ずつ書き表す

（4）主語、述語を意識して文に書き表す（文法則にのっとって）

右のような複雑な知的・言語活動をしつつ、書くという表現活動を展開するわけです。書きことばが第二の言語の獲得であると言われる所以です。

3　物語を楽しむ入門期の読みの指導――『おおきなかぶ』を読むとはどういうことか

物語をどのようにして読むか、その入門期の様子を紹介します。

『おおきなかぶ』（一年　光村図書）

おじいさんが、かぶのたねを　まきました。

「あまい　あまい　かぶになれ。おおきな　おおきな　かぶになれ。」

あまい　あまい、
おおきな　おおきな　かぶに　なりました。

題名を読みます。「おおきなかぶ」。都会の子どもたちの中には、八百屋さんの店に置かれた「かぶ」を想起する子もいます。声に出して「おおきなかぶ」と、平仮名を音読します。八百屋の店で売っている「かぶ」よりも大きなかぶのイメージを描きます。（註―テキストの表記に準拠して「かぶ」と表記）

おじいさんが、かぶのたねをまきましたというお話です。おばあさんではなくて、年をとったおじいさんの話です。おじいさんは、畑にかぶの種を蒔きました。

「あまいあまいかぶになれ。おおきなおおきなかぶになれ。」

おじいさんの願いです。こんなことを言いながらおじいさんは、かぶの種を蒔きました。おじいさんが水やりをしたことは書いてありません。雑草取りをしたことも読み手が自由に想像します。

「大カブ」の場合、通常、種蒔き（春蒔き）から、七〇～九〇日位で収穫できます。おじいさんが、世話をていねいにしたことを想像したいものです。

「あまい　あまい　おおきな　おおきな　かぶに　なりました。」

教科書の挿絵などを手がかりにして書いてない場面もイメージします。おじいさんは、大事に育てたかぶを収穫します。


おじいさんは、かぶを　ぬこうと　しました。

「うんとこしょ、どっこいしょ。」
けれども、かぶは　ぬけません。

おじいさんが、一人で抜けないほど、大きなかぶに育ちました。おじいさんは、だれを呼んで抜こうとするでしょう。あれこれ予想してみると楽しい。読み手が思ったことなどを呟いて読むようにします。慣れてきたら、読みの反応を書きことばで書くようにします。これが、「書きこみ」です。このようにして、物語の読み方を少しずつ身につけていきます。この時期（入門期）の児童の読みの習得は目覚ましいものがあります。

この時期は個人差があります。幼児期に読み聞かせなどの体験を重ねてきた児童は、イメージが、豊かです。図書館から物語の本を借りて、イメージを楽しみながら読書するようになります。

【一読総合法の読み】

○一読総合法とは、文章は線条的に展開しているとして、全文章の通読をせず、部分ごとに立ちどまり分析・総合して読み進める方法です。すでに読み取った冒頭部分（プロローグ）を今読んでいる部分と関連づけ、内容の展開・発展を予想（予見）しつつ読みます。終結部分（エピローグ）に至ったとき、全文章を俯瞰し、全総合して読み終えます。通読を経て精細な読み、そして味読という三読をしない読みの方法から「一読総合法」と名付けられました。

○ことば一つひとつの意味・イメージをていねいにふまえ、叙述（表現）に即し、テキストへの反応を書きこみ・書き出し（言語活動）するのがポイントです。

【一読総合法の全授業過程】

○おおよその文学の読みの全授業過程です。

題名・冒頭部分

・題名から内容を想像したり、問題意識を喚起したりしたことを話し合います。

・新出漢字・語句の指導などは、はじめに簡単に行い、話し合いの中で深め合います。

・題名・冒頭部分（プロローグ）をひとり読みしたり、話し合ったりして読みます。

展開部分

・前時までの読みの内容を想起し、本時部分を関連づけて読みます。

・展開の関連（状況・登場人物・事件など）、作品世界の発展などについて話し合います。

終結部分

・終結部分と既読の部分を全総合して読み、文章全体について話し合います。

・全文章を俯瞰して、全一的に総合した読みをします。

・読み手の意見・感想を書いてまとめます。

【授業の基本過程】

○一読総合法の授業では、「ひとり読み」と「話し合い」が読みの授業の基本過程です。学習集団で多様な読みを生みだすところから、学びを拓く授業として注目されています。

「ひとり読み」

・読みの授業の始めに読み手がことばの意味・はたらきをていねいにふまえ、自分の経験・知識などを想起したり、概念を喚起したり、表象を形成したりして文章を読み進めます。その過程で読み手に生起した反応、意見・感想・批判などをまとめます。

「話し合い」

・「ひとり読み」したことを自由に話し合います。読んで分かったこと、考えたことを出し合い、協同の読みを豊かにします。読み手の意見・感想・批判などを基に読みを深め合います。

※詳細は各学年の授業・実践を参照してください。

Ⅱ　一学年　『たぬきの糸車』（光村図書）

一　『たぬきの糸車』の読みと授業

1　題名読み
2　物語の舞台のイメージづくり
3　たぬきがわなにかかる事件を読む
4　書かれていない冬の場面を予想する
5　「たぬきの恩返し」論が浮上する
6　「たぬき像」を軸にして語りの世界を振り返る

二　自問・自答する読み（自力読み）の姿勢を育てる

一　『たぬきの糸車』の読みと授業

一年生にこの作品をどう読ませたいか、文学の読みの基礎をどう育てていくか、こういった内容に挑戦します。この論文を土台にして豊かな文学の授業実践の道を拓いてください。

『たぬきの糸車』は岸　なみが一年生向けに再話したもので、民話風の物語と言えます。子どもたちは、山での経験を基にして、山奥の一軒家の暮らしを思いえがきます。

『たぬきの糸車』
むかし、ある山おくに、きこりのふうふがすんでいました。山おくの一けんやなので、まいばんのようにたぬきがやってきて、いたずらをしました。（以下略）

1　題名読み

『たぬきの糸車』の「糸車」とはなんでしょうか。教科書の糸車の挿絵をたよりにどんなことをする道具かを考えます。これについて知っている子がいたら説明をしてもらいます。教師の補説もできるようにしておきます。たぬきが糸車をどうするのでしょう。「たぬきと糸車」ではありません。『たぬきの糸車』、たぬきが糸車を持っているというのもおかしな話です。

この題名が、物語の世界で重要な働きをする場面が展開します。軽視できないしかけがこの題名にあるのでしょうか。

2 物語の舞台のイメージづくり――「山おくの一けんや」を思いうかべる

「きこり」は、山から木を切り出したり、森の木々に日当たりがいいように下枝の枝打ちをしたり、木を切り出した後に木の苗を山に植えたりする仕事をすることを話し合います。山奥のきこりの夫婦の暮らしぶりを思い浮かべ、木こりの生活のイメージを広げていきます。冒頭部分では、物語の舞台のイメージづくりを丁寧に行うのが読みの課題です。

授業シミュレーション

○テキストをひとり読みします（思ったこと、つぶやいたことなどを書きこみします）。

頃合いを見計らって「話し合い」に入ります。

教師　「山おくの一けんやなので…」、ここで頭に浮かんだ様子、思ったことをどうぞ。

C1　わかったことで、「きこりのふうふ」だけで住んでいるんです。

C2　「山おくの一けんや」って書いてあります。

C3　思ったことで。一けんやで「きこりのふうふ」はさみしいと思います。

教師　さし絵を見てみよう。ぼくたち・わたしたちの暮らしとどう違うかな？（挿絵を読む）

C4　電線がないよ。（Cテレビが見られないんだね）

C5　大きな月が出ているよ。夜だね。

教師　ほかにどうぞ。

C6　まいばんたぬきがやってきている。

教師　「まいばんのように」だね。（赤線を引こう――「ように」）

●表現のちがいを考え赤線を引く
線を引くことによって表現に注意を向ける習慣づけをします。

C7　まいばんやってきていたずらしてるのかな…。

教師　ほとんどまいばんたぬきはやってきているんだね。

教師　「いたずら」…「たとえば」どんないたずらをするのかな？

●「たとえば」―どんな「いたずら」をするかを豊かにイメージする

C8　床下にもぐりこんだり…。

C9　軒下に干してあるものをいたずらしたり…。

C10　障子に穴をあけてのぞいたり…

C11　食べ物をあさったり…。

教師　「いたずら」と書いてあると、「たとえば…」と考えて読んでいこうね。

【指導のポイント】

（1）「むかし」「きこりのふうふ」の話であることを押さえる（いつ、だれが）。

（2）「いたずら」、具体的にイメージしてとらえる（イメージする）。

（3）表現・挿絵を手がかりにして場面の様子をありありと思い浮かべる。（ひとり読み―自分の力でイメージを描いて読むことができるようにする）

（4）書きこみ（など）をして発表（内言 ⇅ 外言）ができるようにしていく。

註―書きこみ記号（㋔思ったこと　㋻わかったこと　？わからないこと）
この書きこみ記号が、畑を耕す鍬のように読みを豊かにする道具となります。

３　たぬきがわなにかかる事件を読む――地の文と会話文を読み分けて

たぬきは、毎晩のようにやってきて、糸車を回すまねを繰り返しました。たぬきは、このまねが楽しかったのでしょう。ゆだんして、きこりのわなにかかってしまいました。たぬきの叫び声はおかみさんにどのように聞こえたでしょうか。

あるばん、こやのうらで、キャーッというさけびごえがしました。おかみさんがこわごわいってみると、いつものたぬきが、わなにかかっていました。

これは、たぬきにとって「わな事件」です。おかみさんは、どうしたのだろうと不安でたまらなかったはずです。わなにかかったたぬきの様子が、挿絵に描かれています。たぬきもさぞ怖かったことでしょう。

●地の文と会話文の働きの違いにきづくとおもしろい

「かわいそうに。わなになんかかかるんじゃないよ。たぬきじるにされてしまうで。」

おかみさんは、そういって、たぬきをにがしてやりました。

おかみさんの会話文を読む――授業シミュレーション

会話文をどのように読むか、授業をシミュレーションしてみます。

その1　―会話文の授業―おかみさんの気持ちを考えて

●会話文の気持ちが表れるように音読する

教師　この「」（カギ）の中は、だれのことばですか。

C1　おかみさんのことばです。

教師　おかみさんの会話文だね。おかみさんになって、声に出して読んでみましょう。

（隣の人と代わるがわる音読し合う）

C2　（音読をする―隣の人のよかったところを言い合う）

教師　思ったことを発表しよう。

C3　おかみさんの気持ちで、「たぬきがかわいそう」と思った。

C4　わなにかかっておどろいただろう。

C5　わなによく気をつけるんだよ。

教師　会話文にこめられた気持ちを音読してみよう。隣の子と読み合いをして。

C6　（隣の人と代わるがわる音読し合う）

教師　はあい。では聞きますよ。隣の人の音読、おかみさんの気持ちがこもっていたと思う人、手を挙げて。

教師　（数名を指名する―音読の良かったところを発表し合う）

その2　「わなになんか」

●おかみさんはわなをどう見ていたか

教師　㋐と㋑を声に出して読んでみよう。

㋐「わなになんかかかるんじゃないよ。」（音読）

㋑「わなにかかるんじゃないよ。」（音読）

教師　㋐と㋑を比べてわかることはないですか。

※おかみさんのわなに対しての感じ（わなをよく思っていない感じ）の違いにきづけばそれでいい（言語感覚を働かせて読むように向けていく）。

※会話文でない箇所を「地の文」ということも自覚させましょう。

その3　自分のことば（内言）で言いかえて理解する

●「自分のことば＝内言」を育てるシミュレーション

教師　「たぬきをにがしてやりました」、ここで思ったことをどうぞ。

C1　おかみさんはわなをはずしてやりました…なぜかというと、たぬきをかわいいと思ったから。

C2　おかみさんは「たぬきをかわいそう。」と思った。

C3　おかみさんはたぬきを助けてやりました。

※「にがしてやりました」は、おかみさんの行動の描写文ですが、「C3　助けてやりました」は、危難から救ってやったという意味合いです。たぬきから見れば、「にがしてもらって助かった」「助けてもらった」という心情でしょう。このように自分の理解したことば（自分の内言）に言いかえて読むことが大事です。このような言語活動が内言を育てます。

その4　このおかみさんに小見出しをつけよう

教師　どんな「おかみさん」か、詳しく言って。

（例示―「○○○○おかみさん」というように）

C4　「たぬきをかわいそうとおもったおかみさん」

（「かわいそうに。…」を生かして）

C5　「たぬきをにがしてやったおかみさん」（「たぬきをにがしてやりました」を使って）

C6　「たぬきをにがしてやったやさしいおかみさん」

（「やさしい」―読み手の価値づけ）

※おかみさんのやさしい人柄（おかみさんの人物像）に関わるものが出るとすばらしい。

このような小見出しの指導は、人の性格（人物像）を把握（人物の認識）することを助けます。

その5　たぬきの様子・気持ちについて

●語り手の視点を超える読み

この部分は、たぬきの行動をおかみさんの視点から異化して語っています。たぬきについての話し合いです。

たぬきについての話し合い―シミュレーション

教師　たぬきについて思ったことをどうぞ。

C7　挿絵を見ると、たぬきはいたそう。

C8　「たぬきが、わなにかかっていました」のところで、たぬきはこわい気持ち。

C9「たぬきをにがしてやりました。」のところで、「おかみさん、たすけてくれてありがとう。」（たぬきのつぶやき―たぬきに同化して）

教師　書いてないけど、助かったたぬきの気持ちがわかるね。

※おかみさんがたぬきをにがしてやったことによってこの物語は展開していきます。後半につながる重要な場面です。

※ここは、たぬきを異化する語り（表現）になっていますが、たぬきの心情をこのように話し合うと、それが後半の読みに生きてきます。

おかみさんのたぬきへの気持ち、たぬきのおかみさんへの気持ち（両者の双方向的心情）をこのように読み取るのは、語りを超える読みです。語り手の視点に縛られない読み、読み手の自由な読みを保障するのが一読総合法のよいところです。

4　書かれていない冬の場面を予想する――通読しないからおもしろい

「一読総合法は、予想させる。予想屋のようだ。」

こんな批判に私はこう答えてきました。予想はそれまでの読みの内容（読みの総合）から生み出されます。予想にはそれまでどんな読みをしてきたかが反映されます。物語は予想（推測・想像）するからおもしろい。展開への期待感が高まります。ワクワクしてきます。この物語の読者の予想を超えた展開は、読み手のその後の驚きや感動をもたらします。

冬の場面の予想―シミュレーション

※「余白の美」「空所を想像する」、「語りを超える読者」、古今、こんなことが言われてきました。冬の場面は略叙されています。この場面をどう読むか。読み手の想像に委ねられています。

ゆきがふりはじめると、きこりのふうふは、むらへ下りていきました。

教師　「きこりのふうふは、村へ下りていきました。」「ゆきがふりはじめた山おくの一けんや」「たぬきの様子」などを思い描いてみよう。

C10　雪が山につもって真っ白です。

C11　たぬきは一けんやに遊びにやってくると思う。

C12　たぬきは糸車にさわってみたいかも…。

教師　さあ、お話はどうなるか。次の時間が楽しみだね。

はるになって、また、きこりのふうふは、山おくのこやにもどってきました。

とをあけたとき、おかみさんは、あっとおどろきました。

いたの間に、白い糸のたばが、山のようにつんであったのです。そのうえ、ほこりだらけのはずの糸車には、まきかけた糸までかかっています。

子どもたちも驚きます。読者の予想を超えた場面展開です。自分たちの予想を超えているからこそ驚きと感動が高まります。通読しない一読総合法の授業の醍醐味です。

5　「たぬきの恩返し」論が浮上する――教師の読みが問われる

ここに引用する授業記録は、丹野洋次郎氏の授業（『国語の授業』誌二〇一六年一〇月号に掲載）を記したものの引用です。丹野氏の授業を私は参観しました。子どもたちの生き生きした読みの姿が、目に浮かびます。多様な読みが発話される授業でした。引用させていただきます。

丹野授業の記録　（第8時）

「はあて、ふしぎな。どうしたこっちゃ。」

おかみさんは、そうおもいながら、土間でごはんをたきはじめました。そうすると、

キーカラカラ　キーカラカラ

キークルクル　キークルクル

と、糸車のまわる音が、きこえてきました。

びっくりしてふりむくと、

いたどのかげから、ちゃいろのしっぽがちらりっと見えました。

そっとのぞくと、いつかのたぬきが、じょうずな手つきで、糸をつむいでいるのでした。

その1　「きこえてきました」―おかみさんの心の耳にどう聞こえてきたか

教師　「きこえてきました」と「きこえました」はどうちがいますか?

C13　「きこえてきました」はどんどん聞こえてくる。

C14　小さい音から大きく聞こえてくる。どんどん大きくなる。

C15　近づいていく。だんだん聞こえてくる。

教師　音がだんだん聞こえてくる。小さい音が大きくなる。

だれの耳に?

Ｃ16　おかみさんの耳に聞こえてくる。
教師　どこのかげ？
Ｃ17　戸のかげ。（戸にさえぎられた部分─紙と鉛筆を使って「いたどのかげ」を説明する）

●このような指導の中で子どもたちは、テキストのことばに目を向け、その意味するところを考え、言葉の自覚を深めていきました。

註─「～てくる」の用法
ア　父が海から帰ってくる（近づく）
イ　雨が降ってくる（はじまり）

この場面では、「糸車の音」の聞こえはじめを意味します。が、おかみさんの心の耳には、「音がだんだん大きく聞こえてくる」感じなのでしょう。「（おかみさんが）びっくりしてふりむくと」とありますから。

その2　たぬきの「糸車を回したい」心情を読む

たぬきの糸車に関わるテキストの表現とその部分の児童の読みです。

「たぬきは、まいばんまいばんやってきて、糸車をまわすまねをくりかえしました。」
←（糸車を回してみたいと思っている）
「いたの間に、白い糸のたばが、山のようにつんであったのです。」
「たぬきは、じょうずな手つきで糸をつむいでいるのでした。」

?・冬の間にたぬきは糸車を回していたのではないか（推測）
?・冬の間にたぬきが「白い糸のたば」をつんだのではないか（推測）

児童は、これらのテキストの表現を関連づけ、たぬきの「糸車を回したい」という心情をおさえて読んでいます。MRさん、NJさん、HKさんの総合化した読みをみてみましょう。

「MR　たぬきは、糸車を回したいから、回すまねをしていたのかな。」
「NJ　(たぬきは)おかみさんのを見てたから、(糸をつむぐことが)できるんじゃないの。」
「HK　おかみさんときこりが村へ下りて行ってから、回してた。(冬の間、糸車を回していた)」

きこりの夫婦が山を下りている間、たぬきが糸車を回していたのではないかという推測まで児童は、しています。

授業記録を見てみましょう。(Tは教師)

NJ　(たぬきは)おかみさんのを見てたから、(糸をつむぐことが)できるんじゃないの。
T1　見ていたんだよね。ここだよね。(板書をさす)前とつなげたね。
見ていたから、上手な手つきだったり、いつもおかみさんがしていたとおりにできるんだね。
IS　こんなに練習してたんだ。
T2　練習ってことは…。たぬきは、初めて回したの?
C　前。前から。(児童、「はじめてじゃないよ。」口々につぶやく)
HK　おかみさんときこりが村へ下りて行ってから回してた。(冬の間、糸車を回していた)
KY　(きこりふうふが)村に着いたときから…。
MR　たぬきは、糸車を回したいから、回すまねをしていたのかな。
T3　いいことを言ったね。たぬきは糸車を…。
C　回したい。(たぬきが糸車を回す動機を確認し合う)

その3　たぬきの「恩返し」論を乗り越える鍵は何だったのか

たぬきは、糸車を回すのが楽しそうで以前から回してみたかった。これが児童の大方の読みでした。その中で、「糸車の回る音、『キーカラカラ…』がきれいに響く音だったから」というのは、ユニークな指摘です。「糸車を回すのが楽しい」、「糸車の音がきれい」という斬新な読みが、「たぬきの恩返し」論とどう切り結ぶのでしょうか。

NM　そんなに糸車がやりたかったのかな。

T4　どうしてやりたかったの？

C　楽しそうだから。

C　（たぬきは、おかみさんが糸車を回すのを）前から見てやりたかったから。

T5　毎晩来てたからねえ。「（たぬきは）楽しそうだ。」てね…。

SM　（テキストには）書いてないけど、（「キーカラカラ…」の音が）きれいな音だったから。

T6　音が気に入っていたんだ。

IT　（たぬきの）恩返しじゃない？

T7　そういうの、前にも出たよね。

C　「つるのおんがえし」。

T8　そうだねえ。でも、恩返しだけじゃなくて回したい、回してみたいなあってのも、あるね。

HK　やっと、たぬきが糸車を回したんだ。

T9　題名、何だった？

C　『たぬきの糸車』

T10　（題名『たぬきの糸車』と）つながったね。

「たぬきの恩返し」論を乗り越えられたのは、「糸車を回してみたい」「糸車を回すのが楽しい」「糸車の音のひびきがきれい」、こういったたぬきの心情に即した読みでした。「たぬきの恩返し」という読みの側面を認めたうえで、糸車を回して糸をつむぎたいというたぬきの心情をしっかり押さえた教師、さすが見事です。物語の題名は、『たぬきのおんがえし』ではなくて、『たぬきの糸車』なのですから。

6 「たぬき像」を軸にして語りの世界を振り返る

春になり、おかみさんが山奥の小屋に帰ってきました。

そっとのぞくと、いつかのたぬきが、上手な手つきで、糸をつむいでいるのでした。

児童は、「いつかのたぬき」が糸をつむいでいる姿をイメージしました。教師は、「もう少し詳しく言って。」と、児童のたぬき像を引き出しました。

C　いつかのたぬき。
T　「いつかのたぬき。」
もう少し詳しく言って。(児童の「たぬき像」が発話されていく)
C　(雪が降る) 前のたぬき。
C　(月のきれいなばん) 前、見たたぬき。
C　前のかわいいたぬき。(「いたずらもんだがかわいいな。」と関係づけ)
C　糸車を回すのが好きなたぬき。(読み手の解釈)
T　板書―「糸車を回すのが好きなたぬき。」
MR　いつものたぬき。(「まいばんまいばんやってきて…」)
IE　わなにかかっていたたぬき。(わな事件と関連づけ)
T　そうだねえ。板書―「わなにかかっていたたぬき。」

ＮＴ　前にたすけてあげたたぬき。（おかみさんの視点）

Ｔ　板書──「前にたすけてあげたたぬき。」

ＫＪ　前にいたずらをしに来ていたたぬき。

Ｔ　そうだねえ。一番最初に戻るねえ。

ＳＮ　前に糸車を回すまねをしに来ていたたぬき。

●「たぬき像」を軸にして、語りの世界を振り返ることができました。これは興味深い『たぬきの糸車』の世界の振り返り（分析・総合）です。総合化の作業の手本になります。

一読総合法は、児童が意味づけたり価値付けしたりする読み（多様な読み）がされます。丹野氏の授業の中でことば（たとえば「おんがえし」）や物語の読み方が、どのように育っていくかを学んでいただきたい。

二　自問・自答する読み（自力読み）の姿勢を育てる

丹野授業では児童が自問したり理由を考えたりしながら読んでいきます。ひとり読みの過程で読み手の心に疑問が湧いてきます。その問いを自分自身の力で考えます。

春になりおかみさんが山奥の小屋に戻ってきます。きこりのおかみさんの耳に聞こえてきます。

キーカラカラ　キーカラカラ
キークルクル　キークルクル
と、糸車のまわる音が、きこえてきました。

この場面の児童の話し合いです。読み手が自ら問いかけます。

〈授業場面〉

C　糸車をだれが回しているの？（自問する）
C　たぬきが回しているんだよ。（自答―糸車を回していることの認識）
C　たぬきじゃないの。（「糸車には、まきかけた糸までかかっています。」と関係づけて）
教師　何で？（なぜたぬきと考えるか、その理由を問う―糸車の音とそれを回す者との関係を認識する問

い）

C　音でわかるから。（「キーカラカラ　キークルクル」、リズミカルな回る音――その理由を考える）

読み手は、「いたどのかげから、ちゃいろのしっぽがちらりと見えました。」という表現を押さえ、「やっぱり…」と、納得して読みすすめました。このように自問したり、考えたりして読みすすめる読みの授業が、「やっぱり、楽しいね。」と児童は口々に言っていました。

教師の発問で引っ張っていく授業を見かけます。その授業では、学習者は受け身に立たされます。一読総合法の授業では、自問・自答の学習スタイルを取ります。学習者は受け身でなく能動的な学びを展開します。授業の中で教師の発問全てを否定するものではありません。しかし、発問の授業の中で、学習者が受動的な立場に常に置かれることが、真の学びの心を育てるかどうかを考えたいのです。

丹野氏の授業に学ぶ

わたしは、丹野氏の『たぬきの糸車』の授業を参観しました。

丹野学級の児童の音読・表現読みのレベルは、一年生としては高いものでした（能動的な姿が見られた）。

音読・表現読みは、文字言語を認知し、その意味を把握しつつ音声化する言語活動です。クラスの仲間達に自分の音声化を聞いてもらいますが、読み手は、自分の耳で自分の音読・表現読みをキャッチします。その音読・表現読みは読み手自身の情感に働きかけます。それがまた音声化されるという連続のサイクルを経ることによって、子どもの「内言力」をさらに高めていきます。

Ⅲ　二学年　『わたしはおねえさん』（光村図書）

一　子どもの発達目線から読む

1　『わたしはおねえさん』という題名に関わる読み
2　冒頭の「歌」は作品世界を方向づける
3　「すみれちゃん」は心に感じるものが歌となって溢れ出す
4　コスモスと一体化した歌
5　かりんちゃんの「おべんきょ。」とは何か
6　「わたしはおねえさん」という自覚は「今を生きる喜び」を生む

二　第4時　授業記録

三　楽しい文学の授業をこうして創る

1　すみれちゃんの様子・気持ちをイメージする
2　「おべんきょ」か「らくがき」か
3　「すみれちゃんになってのつぶやき」に注目
4　読み手の意識がかりんちゃんに向けられる
5　なんでこんな「語り口」なの？

一　子どもの発達目線から読む

この物語は、石井睦美氏の作品です。『すみれちゃん』シリーズを元にして書き下ろされました。歌を作るのが好きな二年生のすみれちゃんのお話です。

わたしはおねえさん
やさしいおねえさん
元気なおねえさん
ちっちゃなかりんのおねえさん
一年生の子のおねえさん
すごいでしょ

自分のことを、「やさしいおねえさん」と歌える子は、どういう子でしょう。自分のことを「すごいでしょ」と、ちょっぴり自慢している感じです。二年生の読み手は、すみれちゃんと自分を比べて読みます。時には反発し、時には、立ちどまって考えます。

「わたしは、二年生になって、どんなおねえさん（おにいさん）になったのだろう?」

このような自問を引き出せたらおもしろい。自分自身に目を向けることが、「自己意識」を育てること、子どもの発達の課題となるからです。

1　『わたしはおねえさん』という題名に関わる読み

読み手が最初に出会うのが「題名」です。

『わたしはおねえさん』という題名を読む。「わたし」は、だれの「おねえさん」だろうか。二歳の妹の「かりんちゃん」のおねえさんであることが、読み進めていく中でわかります。姉妹の関わりが展開されていきます。（註―テキストの表記に準拠して「おねえさん」と表記）

学校では一年生の「おねえさん」。わたしは、「二年生になってしあわせ。」（幸せ感）と思っています。わたしの名前は、「すみれ」。家では、「かりん」（二歳の妹）のおねえさんであり、学校の中では一年生のおねえさんであることが、語られます。すなわち、「わたし」は、家と学校という二つの場（家族関係⇅学校の中の関係）で生きています。学校の中での「すみれちゃん」は、二年生で、一年生のおねえさんですが、三年生から見れば妹です。このように相対関係の中で「わたし」の立場をつかむこと、双方向の思考をはたらかせるようにもっていきます。

註――作品の題名は、作品世界と深く関連しあう場合が多い。読みの過程で題名と関連づけて読みすすめるように留意する。

2　冒頭の「歌」は作品世界を方向づける

わたしは、妹の「かりん」のやさしいおねえさんと歌う、やさしいおねえさん」と、自分のことを意識し、それを歌にします。家族の中で、妹・「かりん」のお姉さんと、自分を姉妹関係として自覚する行為は、高次な思考です。しかも、学校の中で、「一年生の子のおねえさん」と自覚するのは、より高次な思考を必要とします。学校という集団の中で、不特定の一年生集団（多くの下級生）を対象とし、自分個人を、その「おねえさん」（上級生集団の一人）と位置づけするには、抽象性をあげた思考操作を必要とします。

「やさしいおねえさん」と歌う。妹のかりんにどんな「やさしい」ことをしているのかな。「やさしい」っててどうすることだろうか。こんな疑問を持ちつつ読み手は読みすすめます。

すみれちゃんは、おねえさん像を次のように描きます。

「おねえさんって、ちょっぴりえらくてやさしくて、がんばるもので、ああ、二年生になってしあわせ。」さらりと歌っています。が、歌の内容は多様です。「わたしだったら」と、すみれちゃんになって（同化して）つぶやいてみよう。

① 「ちょっぴりえらい」とは……
　（一年生ができない計算ができるよ。）
　（一年生が読めない漢字だって読めるわ。）

② 「やさしくしてあげる」
　（自動車などに気をつけて一緒に登校してあげるよ。）
　（校庭で転んで怪我をした子を保健室に連れていってあげたよ。）

③ 「がんばるもので」

（わたしは校庭で転んでも泣かなかったよ。）
（雨の日もがんばって登校しているよ。）

④「ああ、二年生になってしあわせ。」

この「しあわせ」という思い（自覚）は、自信とやる気を引き出します。

3 「すみれちゃん」は心に感じるものが歌となって溢れ出す

すみれちゃんのように「わたしはおねえさん」という歌をどうしたら作れるのでしょう。心の目を自分に向けてみます。家では妹のかりんちゃんのおねえさん。学校では一年生の面倒をみるおねえさん。このように心に感じたこと、思ったことをことばで言い表してみる。自分に目を向け、自分自身のイメージをことばにしてみます。思ったことをことば化してみる。豊かに感じる心の中をことばとして結晶化する。それが、すみれちゃんの歌ではないでしょうか。すみれちゃんに同化するとともに、読み手の立場からすみれちゃんを見直す読み（異化）をしていく。このような「同化　↓↑　異化」の読みの活動を展開すると楽しい読みが生まれることでしょう。

4 コスモスと一体化した歌

十月の日曜日のよく晴れた朝、すみれちゃんは、感じたままを歌います。青い秋空とすみれちゃんの澄んだ心が響き合います。すみれちゃんはえらいおねえさんになった気分です。

「えらいおねえさんは、朝のうちにしゅくだいをするんだわ。」すみれちゃんは、机に向かい教科書とノートを広げます。机の横の窓からコスモスの花が目に入ります。コスモスがそろって揺れて歌を歌って誘います。すみれちゃんも歌いたくなります。

コスモスさん
コスモスさんも歌ってる
ゆらゆらゆらゆら歌ってる
お日さまがうれしいって歌ってる
お水がほしいって歌ってる

コスモスと一体になって歌うすみれちゃん。コスモスのささやきに耳を澄ますすみれちゃん。じょうろでコスモスに水やりをするおねえさんです。コスモスに感情移入するすみれちゃん像が豊かになっていきます。

5　かりんちゃんの「おべんきょ。」とは何か

二歳になったかりんちゃんが鉛筆ですみれちゃんのノートに何かを書きはじめました。かりんちゃんにとっては、それは「おべんきょ。」（かりんちゃんことば）です。かりんちゃんは、普段、おねえさんの机に向かって「勉強」する姿を見ていて、自分もまね（模倣）したくなったのでしょう。コスモスの花を書

こうとして鉛筆で「ぐちゃぐちゃのもの」を書きはじめました。

二歳のかりんちゃんにとっての「おべんきょ。」とは、机に向かい椅子に座って鉛筆を持ち、ノートに「お花」（窓から見えるコスモスの花）を書くことなのです。それは、かりんちゃんにとっては、鉛筆でノートにお花を書く行為であり、「おべんきょ。」ということばを獲得する過程でもあります。

しかし、部屋に戻ってきたすみれちゃんの目には、「ぐちゃぐちゃのもの」（いたずら書きの線）に見えたのです。すみれちゃんは、ノートにいたずら書きをされたと思い、「半分ぐらい、なきそう」で、もう半分は、おこりそう。窓の外に目をやると…。


そこには、すみれちゃんが水をやったばかりのコスモスがさいています。

すみれちゃんは、もういちど、ノートを見ました。じっと。ずっと。

「あはは。」

ぐちゃぐちゃの絵が、かわいく見えてきたのです。


かりんちゃんが、「お花」と言ったので、すみれちゃんは、コスモスに視線を転じました。すみれちゃんはもう一度ノートを見つめます。

「じっと。ずっと。」

初めは、すみれちゃんの目には、「ぐちゃぐちゃのもの」と見えた。かりんちゃんが、コスモスを指さして、「お花。」と言った。すみれちゃんは、「じっと。ずっと」見つめます。その時、すみれちゃんは心でどんなことを呟いたのでしょう。それは、読み手の想像に委ねられています。でも次のことばがそれを暗示します。

すみれちゃんになってのつぶやきです。（同化）

ぐちゃぐちゃのもの	→	ぐちゃぐちゃの絵

（かりんは、花だんのコスモスがきれいに見えて、書きたくなったんだわ）
（ぐちゃぐちゃのものと思ったけど、コスモスの花のつもりか…かわいいじゃん）

このように登場人物になって呟いてみると、すみれちゃんの心のざわめき、さざなみが伝わってきます。すみれちゃんは、かりんちゃんのかいた「ぐちゃぐちゃの絵」を消しかけて止めました。そして、ノートの新しいページを開きます。

すみれちゃんは、かりんちゃんの書いたものをわかってあげるおねえさんです。「やさしいおねえさん」であり、「二歳のかりんちゃんの書いたものをコスモスの花としてわかってあげるおねえさん」、幼いかりんちゃんと笑い合い共感しあえるおねえさん（人物像）になったのです。

冒頭の歌（やさしいおねえさん……）がこの物語の方向づけをしています。妹と共に育っていく「やさしいおねえさん」の姿が、浮き彫りになります。

このように文学作品の形象は、展開しつつより作品世界としての深みを増し、新しい意味を帯びていきます。新しい意味を帯びた読み、これが私たちの目指す文学の読みなのです。

6「わたしはおねえさん」という自覚は「今を生きる喜び」を生む

すみれちゃんは二年生。自分が二年生で、「一年生のおねえさん」、「ちっちゃなかりんのおねえさん」

だと思っています。「やさしいおねえさん」だという自覚です。

二年生の中には、わがままで自分中心の子もいます。すみれちゃんのように自分に目を向けるということはやさしいようでむつかしい。

すみれちゃんの妹への優しさは、

「おねえさんって、ちょっぴりえらくてやさしくて、がんばるもので、ああ、二年生になってしあわせ。」という自覚から生まれてくるものです。自分の目を自分に向けるということは、言い換えれば意識を自分の内面に向けることです。自分を対象として観察し、自分の内面を捉えることです。妹に優しくしている。頑張っている。「ああ、二年生になってしあわせ。」という実感がそこから湧いてきます。これは「今を生きる喜び」の実感でもあります。

このような今を生きる実感を持てない子は、自己中心的な行動に走りやすい。妹や弟ともぶっつかりやすい。自分のしたことを、頭を冷やして順序を追って考えさせると、自分の欠点や悪いところが見えてきます。ああ、悪かったという反省の心が芽生えます。

すみれちゃんのように自分の内面に意識を向けるとき、自分自身について見えてくるものがあります。この意識の働きが欠けると、わがままな自己中心的行動に陥りやすい。この作品世界の発達的問題に光を当てる授業が創れるかどうかは、教師の「子どもの発達観」と「教材分析力」とにかかっていると言えるでしょう。

岡本夏木は、子ども自身のことばが、子どもの内面においてどういう働きをするかということを考察しました。

「子どもは、ことばによって、外界の対象を表示するだけでなく、自分の状態をも表現するようになってゆく。そしてことばを用いて、自分の情動や行動を統制したり、さらにその行動の主体である自分という存在そのものを一つの対象として扱うことが可能となってゆくのである。」（『子どもとことば』　161頁　岩波新書）

子ども自身のことばが、自分の情動や行動をコントロールする働きをするというのです。児童言語研究会では、岡本夏木らの研究に学び、自分の内面に目を向けること、自分自身を自覚することの発達的意味について注目し教育実践を重ねてきました。

二　第4時　授業記録――授業の工夫

授業者　藤原　真理亜

前時までの想起

第4時（かりんちゃんがすみれちゃんのノートに何かをかく場面）の授業記録です。児童名は仮名です。

（※は、授業者が後日、授業の自己分析をした反省です。Ⓒは、不特定の児童の発話です）

『わたしはおねえさん』の（冒頭の歌）を各自が音読する。

教師　えらいお姉さんになろうと思って、すみれちゃんがやろうと思ったことが…。

Ⓒ　宿題です。

教師　（すみれちゃんは）宿題をやろうと思ったけれど、コスモスに…。

Ⓒ　水やりに行ってしまった。

●「コスモス」の歌を各自が音読する

教師　そして、（すみれちゃんは）コスモスに水をやりに行ってしまって、宿題は…。

Ⓒ　やっていない。

前時の感想

HR　「すみれちゃん、宿題を忘れちゃったんだね。コスモスにやさしくするのはいいけど。」

教師　コスモスにやさしいのはいいけどね～。宿題、わすれちゃったの？

HN　「（すみれちゃん）教科書とノート出したままだけど、大丈夫？」

（HNは、なぜかノートの出しっぱなしにこだわる。何か起きるかという予感。緘黙気味の子であるが、一読総合法の読みの授業の時だけよく発言する。)

教師　あっ本当だ。(すみれちゃん) 教科書とノートを出しっぱなし。大丈夫かな?
さぁ、すみれちゃんは、「えらいお姉さん」になれるのでしょうか。(読みの方向づけ)

Ⓒ　なれません。(否定的)

Ⓒ　なれる、なれる。(肯定的)

本時部分(かりんちゃんが、すみれちゃんのノートに何かをかく場面)のプリントを配布する。

難語句の指導をする

教師　プリントにこういう言葉(「かいているさいちゅう」)があります。

Ⓒ　「かいているさいちゅう」

教師　これって何?

Ⓒ　書いている途中…

Ⓣ　そうだよね。書いている途中のことだね。「さいちゅう」、「虫(ちゅう)」ではないからね。

※ここまで、五分間経過。

ひとり読み(各自が書きこみをして読む　七分間)

音読(書きこみ後、本時部分のテキストを一斉に音読する)

※音読が苦手で遅くなる子を待つ。

指名音読

※出席番号順に数名を指名し、本時部分を音読する
—音読の誤りを正したり、各自、読みを確かめたりし合う。

話し合い

Ⓣ　⑱・⑲文でありますか。(話し合いの項目づくりをせず、数文まとめて自由に話し合う)

テキスト　1

⑱文　さて、その間に、すみれちゃんのへやでは、ちょっとしたことがおきていました。

⑲文　出しっぱなしのすみれちゃんのノートに、二さいになった妹のかりんちゃんが、えんぴつで、何かをかきはじめたのです。

KY　「出しっぱなしの〜」のところで、（かりんちゃんに対するわたしの）気持ちを言います。「（かりんちゃん、）ダメじゃないの。すみれちゃんの宿題なのに。」

RK　「すみれちゃんのへやでは、ちょっとしたことがおきていました」のところで、どうしたの？（読み手の疑問）

教師　どうしたんだろうね〜。

※ここで、「同じところである？」と聞けば、もっと深められたのではないか。（授業後の反省）

RN　⑲文のところで、（Ⓣ上手！　言い方が）かりんちゃんは机に届くの？

SR　⑲文のところで、かりんちゃんがえんぴつを持って、「らくがき」するのかな。なぜなら、かりんちゃんはまだ小さいからです。（かりんちゃんの行動の予想とその根拠）

教師　そうだよね。かりんちゃんのことで、だれか言ってくれない？

KH　「出しっぱなしのすみれちゃんの〜」、思ったことで、一年生じゃなかったの？

教師　そうだね。

TR　KHさんにつけたしで、「一年生じゃなかったの」のことで、一番初めに「ちっちゃなかりんのおねえさん。一年生のおねえさん。」ってあるから。

※上手な言い方だと思う。この子は、要所要所でとても良い発言をする。

教師　そうだね。あれは別々のことだったんだね。二歳なんだ、かりんちゃんは。

（「ちっちゃなかりんのおねえさん」は家庭でのこと、「一年生の子のおねえさん」は学校でのことで、この二つは、別々のことという意味。したがってすみれちゃんは二年生。）

YN　⑱文で、「ちょっとしたことがおきていました」のところで、「疑問？」で、なにがおきるの？

※YNは、普段はつながりのない発言が多い子であるが、今回は、よい発言が多々見られた。

教師　何がおきたの？

MN　YNさんに答えて。すみれちゃんのノートに、

教師　二歳になった妹のかりんちゃんが、えんぴつで何かをかきはじめたことです。（疑問に答え合う）上手な言い方ね。ちょっとしたことというのは、これですね。（板書しながら）すみれちゃんのノートに、かりんちゃんが、えんぴつで「何かをかきはじめた」ことですね。「何か…」のあたりでないですか。

DT　「何かをかきはじめたのです」のところで、（疑問に）思ったことで、何かって何をかいたんだろう。

教師　だれか答えられる？

AK　「おべんきょ。」です。

教師　どう？

RT　AKさんに付け足しで、SRさんが言ったように、たぶん「らくがき」だと思います。

教師　今のに付け足し、ありますか？

KH　「おべんきょ。」のAKさんに付け足しで。勉強の国語や算数…たしざんとか…。

RK　出しっぱなしのところで。「すみれちゃん、いけない。」（読み手として話しかける）

教師　「すみれちゃん、いけない！」

RN　「出しっぱなしのすみれちゃんのノート」のところで、出しっぱなしもいけない。

教師　（ノートの）出しっぱなしもいけないね。

HN　自分が思ったことで、二歳（かりんちゃん）でもお勉強するんだ。

教師　どう？（©さんせいです）でもさっきさ、RTくんが、なんて言ってた？

©　「おべんきょ。」？「らくがき」？

YT　HNさんの付け足しで、やはり「らくがき」だと思います。なぜなら、二歳だから二年生の勉強は無理だと思うからです。

TR　YTさんとHNさんに付け足しで。二年生の問題って。二歳って、たしざんとかさ、ひきざんとか、読めなくない？

NO　YTさんとは違って。㉒文のところで、「おべんきょ。」って書いてあるから、お勉強だと思います。

テキスト　2

⑳文　すみれちゃんが、水やりからもどってくると、かりんちゃんは、まだかいているさいちゅうでした。
㉑文　すみれちゃんはおどろいて、「かりん、何してるの。」とききました。
㉒文　「おべんきょ。」と、かりんちゃんが言いました。
㉓文　「もう、かりんたら、もう。」と、すみれちゃんは言いました。
㉔文　半分ぐらい、なきそうでした。もう半分は、おこりそうでした。

教師　なるほど。ちょっとまとめていい？
　かりんちゃんは、二歳だね。一年生では…
Ⓒ　ない。
教師　でも、すみれちゃんのノートに何かをかいた。
　それは…
Ⓒ　らくがき。
教師　らくがき？
Ⓒ　自分（かりんちゃん）の中では、「おべんきょ」。
教師　あぁ。（かりんちゃんの）心の中では「おべんきょ」。かりんちゃんにとっては「おべんきょ」。
Ⓒ　図工みたいね。
※子どもたちの発言で、まとめが助けられたと思う。
教師　本当だ。図工みたいだね。でもさ、STくんが、えんぴつでかいてるよって言ってるんだけど。どういうこと？
※教師が変にこだわってしまい、思考を妨げてしまった。
YT　えんぴつが近くにあったので、そのえんぴつを持ってらくがきとかをかいたんじゃないかなと思います。なぜなら絵の横に、えんぴつがあるからです。
教師　ほ～。このえんぴつは、すみれちゃんの。出しっぱなしはこれもいけないんじゃない？
　（板書を見せながら）いけないなぁ。こういう感じですね。かりんちゃんは、お勉強みたいならくがきをしているんだけど、「出しっぱなしのすみれちゃんもいけないんじゃないの。」っていう感じかな。ちょっとこっちの方、「ちょっとしたことではない」ですか。

※前述同様、もっと早い段階で触れておけばよかった。

ＨＮ　すみれちゃんは教科書やノートをしまっておけばよかったのに。

教師　しまっておけばよかったね。

ＫＨ　お水あげる前に、宿題やっちゃえばよかったのに。

教師　そうだよね。宿題やっちゃえばよかったのにね。

ＴＲ　「ちょっとしたことがおきて～」のところで、自分が思ったことで、ちょっとしたことではなくない？（語り手とちがって、すみれちゃんにとって怒ること。ちょっとしたことではない）

※ナイスな発言！

教師　どう？

ＲＮ　ＴＲさんと似ていて、出しっぱなしにしてたのに、ちょっとしたことじゃないし。なんからくがきはちょっとだけ破って、ほかのページに書けばいいのに。

教師　じゃあ、「ちょっとしたこと」っていうのは、大変なことなんだね。だれにとって？

Ⓒ　すみれちゃんにとって。

教師　でも、かりんちゃんとしては、「おべんきょ。」。でもなんか、らくがきっぽいけどね。

教師　ではその続き、⑳文から㉒文まで、全部繋げていきましょう。（ひとり読みの発表を促す）

ＨＫ　「かりんちゃんは、まだかいているさいちゅうでした。」のところで、何をかいているんだろう。

教師　なんだっけ？

Ⓒ　らくがき。

※失敗。この時点では読み取れないので、「なんだろう。」の方がよかった。きっと、何を書いていたのかが知りたかったんだと思う。

ＡＲ　「かりん、何してるの。」のところで、自分が思っていることで、お勉強はえらいけど、すみれちゃんのノートに書いちゃだめだよ。（かりんちゃん

への意見を言う）

HG　「おべんきょ。」のところで、なんのお勉強？

教師　なんのお勉強なの？

YK　「すみれちゃんが、水やりからもどってくると～」のところで、思ったことで、妹の世話って大変だね。（妹の世話についての感想を述べる）

教師　本当だね。

KY　HKさんに答えて。みんなの答えは「らくがき」かもしれないけど、私は、すみれちゃんの代わりに、宿題をやっているんじゃないかなと思います。（代わりに宿題をやるという予想）

教師　いまのはどう？　いまのところつなげていい？らくがきかもしれないけれども、かりんちゃんにとっては、

Ⓒ　「おべんきょ。」

教師　「おべんきょ。」、つながっているんだね～。

※KYさんの発言（HKさんともつながっている）をもう少し深めなくてはいけなかった。

ST　「もう、かりんたら、もう。」のところで、すみれちゃんの様子で。怒っています。

HK　「かりん何しているの。」のところで。すみれちゃんになって言います。

「ノートにらくがきしないで！」（すみれちゃんになって言う―同化）

なぜなら学校で使っているノートにらくがきされると、先生に怒られちゃうからです。

YR　「もう、かりんたら、もう。」のところで。（すみれちゃんになって）妹なんかいないほうがいい。

教師　どう？　今の考え。

NO　「半分ぐらいなきそうでした。もう半分は、おこりそうでした。」のところで、別にいいじゃん、泣いたり怒ったりして。（自分の気持ちと重ねて）

教師　あ～。それは、NOちゃんの気持ちね。

※YRとNOちゃんは、自分の思いをしっかり伝えているので、「どういうこと？」と切り返したほうが良かった。

RN　「もう、かりんたら、もう。」のところで、思ったことで。そんなにおこんなくてもいいじゃん。

※これは、かりんちゃんの気持ちを読んでいる。ここに付け足しや今のはどうなのかを聞かなくてはいけなった。

教師　なるほど～。ここでありますか。「かりん、何してるの。」のところで。

ＭＫ　「かりん、何してるの。」のところで。思ったことで。本当だよ。「何してんのよ。」

教師　「本当だよ。何してんのよ。」と、すみれちゃんは、怒ってるんだね。今のところでありますか。

Ⓒ　あります。

ＨＮ　すみれちゃんの気持ちで。「宿題できないよ。」

教師　ちょっと怒ってるね～「おべんきょ。」のところであります か。

ＲＴ　「おべんきょ。」のところで、思ったことで。すみれちゃんが思ったことで。「勉強できないでしょ?（かりんは）どうやって（かくことが）できるようになったの?」

教師　なるほど。

ＡＲ　㉒の「おこりそうでした」のところで、自分が思ったことで。かりんちゃんが泣いちゃうんじゃない?

教師　それは、怒ったら、泣いちゃうっていうこと?今のＡＲちゃんの、怒ったら泣いちゃうから、まだ怒って…

Ⓒ　ない。

※すみれちゃんのかりんちゃんに向けての口調は、厳しくなっている。雰囲気も。

ＫＮ　すみれちゃんが、「かりん何してるの」と聞きました。かりんちゃんは、「おべんきょ。」のところで。（すみれちゃんの気持ちは、）「勝手にえんぴつとか…教科書とかに書かないで。」

教師　「かりん、何してるの。」は、ちょっと怒ってるけど、ＲＴくんが言ったみたく。驚いているんだね。（板書）

教師　もう一回、かりんちゃんの「おべんきょ。」のところでありますか。

HN　すみれちゃんが思ったことで。「（これは）お勉強じゃないよ。消してよ。」
教師　本当だね～「消してよ。」
HR　「おべんきょ。」のところで。「何の勉強してるの？」
教師　分からないんだよね。ここ、どんなふうに言ってるのか教えて？
YT　自分の中ではお勉強みたいにみえるけど、本当はらくがきみたいなものだと思います。
※かりんちゃんが、自慢気に言っていることを出してほしかったが…。
YN　㉒のところで。「すみれちゃん。おねえちゃんなんでしょ、ちゃんとやってよ。」
教師　こっちいこう。「もう、かりんたら、もう。」のところでありますか。
TR　㉒の「もう、かりんたら、もう。」のところで、すみれちゃんになって言います。
「もうこれ学校に出す宿題なのに。だったら、自分のノートに書けばいいのに。」
理由は、学校の宿題をだいなしにされたからです。
教師　なるほど。まだありますか。
KY　「もう、かりんたら、もう。」のところで。（自分だったら）もう怒ってるよ。
教師　それはどこ？　言葉で言ってるの？　心の中で？　心で思ってるのね。なるほどね。
※KYは、自分だったら…と、言いたかったのかもしれない。
HR　学校の先生に怒られても、訳を言えばいいんじゃない？（読み手としての意見）
教師　訳を言えば許してくれるかもしれないよね。まだありますか。
YT　「半分くらい泣きそうでした。もう半分はおこりそうでした。」のところで、どんな気持ちなんだろうって。予想は、ぐちゃぐちゃだと思います。
（読み手としての予想）
教師　今のどう？　だれか付け足しとかありますか。
HN　「水やりからもどってくると」のところで。何時？　予想は、午前の九時くらいだと思います。

教師　そうだよね。朝だったんだものね。

ＴＲ　ＹＴさんに付け足しで。心がもやもやで怒りたい気持ち。

教師　なるほど〜。（すみれちゃんは）心がもやもや。もう怒りそうなのね。

ＡＫ　「半分ぐらいなきそうで」、疑問で、泣きそうってことは、うれしくてなきそうか、やだでなきそうか、どうなのかな？

教師　どっちだろう。

ＹＲ　ＡＫさんに答えて。（すみれちゃんは）いやな気持ち。

教師　どう？　いやなのね。いやで泣きそう。泣きそうってことは、泣いては？

Ⓒ　泣いてない。

ＴＲ　おねえちゃんだからじゃない？（ＴＲのつぶやきである。）

教師　どういうこと？

ＴＲ　自分がおねえちゃんだから、泣いてるところを妹に見せたくない。

教師　どう？

ＨＮ　「もう、かりんたら、もう。」のところで。かりんちゃんが思ったことで。「おねえちゃん、なんで怒ってるの？」

教師　「なんで怒ってるの。」今のどう？

※失敗。すみれちゃんの気持ちばかりをおってしまい、かりんちゃんの気持ちに目を向けなかった。

ＲＴ　ＨＮさんに答えて。（かりんちゃんが）らくがきをしているからです。

教師　そうだよね。だからすみれちゃんは怒ってるんだけど。かりんちゃんにとってそれは、お勉強だから、「何で怒ってるんだろうっ」ていう気持ちなんだよね。

ＭＮ　さっきのＴＲさんに付け足しで。妹に泣いているところを見せたら、笑われる。

教師　今のＴＲちゃんとＭＮちゃんのまとめていい？「半分ぐらい泣きそうでした。もう半分はおこりそうでした。」

と言うのは、すごくいやなんだけど、今泣いたら、笑われちゃう。

教師　でも、ちょっと怒りそうで。心の中が…

Ⓒ　ぐちゃぐちゃ。

教師　（心の中が）ぐちゃぐちゃだけど、「わたしはおねえさんだから…」、怒れないんだね。そういう感じでいいですか。

教師　ちょっと時間が来ちゃったので、まとめていいですか。

「かりん、何してるの。」はちょっと怒ってて、驚いているんだね。かりんちゃんは、自分は「おべんきょ。」してるんだよと、自信満々です。でもすみれちゃんは、「もう妹って大変。」という気持ちだね。そして、

Ⓒ　はりきってたのに…。

教師　（すみれちゃんは）さっきまで、はりきっていたのに。半分なきそうで怒りそうでした。

このかぎかっこのところ（会話文）を読んでほしいと思います。

音読・表現読み

三　楽しい文学の授業をこうして創る

1　すみれちゃんの様子・気持ちをイメージする

藤原学級の児童は、すみれちゃんの怒っている様子を場面の様子と繋げてイメージしたり、すみれちゃんになって内面の呟きを想像したりしています。『わたしはおねえさん』の作品世界を想像して楽しんで読んでいます。

授業の一コマ

ＳＴ「もう、かりんたら、もう。」のところで、すみれちゃんの様子で、怒っています。

ＨＫ「かりん何しているの。」のところで。すみれちゃんになって言います。

「ノートにらくがきしないで！」（すみれちゃんになって言う――同化）

なぜなら学校で使っているノートにらくがきされると、先生に怒られちゃうからです。

ＹＲ「もう、かりんたら、もう。」のところで。（すみれちゃんになって）妹なんかいないほうがいい。

2 「おべんきょ」か「らくがき」か

授業の記録を見てみましょう。

DT　「何かをかきはじめたのです」のところで、(疑問に)思ったことで、何かって何をかいたんだろう。

教師　だれか答えられる？

AK　「べんきょう」です。

教師　どう？

RT　AKさんに付け足しで、STさんが言ったように、たぶん「らくがき」だと思います。

教師　今のに付け足し、ありますか？

KH　「べんきょう」のAKさんに付け足しで。勉強の国語や算数…たしざんとか…

――略――

HN　自分が思ったことで、二歳(かりんちゃん)でもお勉強するんだ。

教師　どう？(Ⓒさんせいです)でもさっきさ、RTくんが、なんて言ってた？

Ⓒ　「おべんきょ」？　らくがき？

YT　HNさんの付け足しで、やはり「らくがき」だと思います。なぜなら、二歳だから二年生の勉強は無理だと思うからです。

TR　YTさんとHNさんに付け足しで。二年生の問題って。二歳って、たしざんとかさ、ひきざんとか、読めなくない？(「お勉強。」ではない論)

NO　YTさんとは違って。㉑文のところで、「おべんきょ。」って書いてあるから、お勉強だと思います。

――略――

教師　なるほど。ちょっとまとめていい？
かりんちゃんは、二歳だね。一年生では…
Ⓒ　ない。
教師　でも、すみれちゃんのノートに何かをかいた。それは…
Ⓒ　らくがき。
教師　落書き？
Ⓒ　自分（かりんちゃん）の中では、「おべんきょ」。
教師　あぁ。（かりんちゃんの）心の中では「おべんきょ」。かりんちゃんにとっては「おべんきょ」。

HNの「二歳（かりんちゃん）でもお勉強するんだ」という捉え方は本質をついた発話です。普段、すみれちゃんの勉強する姿をかりんちゃんは、見ていて、自分もすみれおねえちゃんのように勉強をしてみたいと思ったのでしょう。「机に向かって、鉛筆を握ってノートに何かをかく」ことが、かりんちゃんにとっての「おべんきょ」なのです。表面的には、「らくがき」に見えるでしょう。しかし、実質は、そうではありません。

かりんちゃんのようにおねえちゃんのまねごと（模倣）をすることによって、「おべんきょ」という言葉を獲得していきます。「机に向かう」「鉛筆を持つ」「ノートにかく」、そういうことが、二歳児にとっての「勉強の第一歩」なのです。すなわち、かりんちゃんは、第一歩を歩みだしたと言えます。「勉強」の中身は問題ですが、「二歳でもお勉強する」という指摘は的を射ています。「おべんきょ」か「らくがき」か、テキストのこの立ちどまりだけでは、はっきりと決めることはできません。問題を整理して後の時間で話し合うようにします。このように読みの課題として共有し合うことで読みの授業が一層楽しくなります。

3 「すみれちゃんになってのつぶやき」に注目

授業記録の一コマです。

ST 「もう、かりんたら、もう。」のところで、すみれちゃんの様子で、怒っています。

HK 「かりん、何しているの。」のところで。すみれちゃんになって言います。
「ノートにらくがきしないで!」(すみれちゃんになって言う―同化)
なぜなら学校で使っているノートにらくがきされると、先生に怒られちゃうからです。

YR 「もう、かりんたら、もう。」のところで。(すみれちゃんになって)妹なんかいないほうがいい。

「すみれちゃんになって言います」という言語活動が自主的にひとり読みの過程で行われていることに注目したい。そのことについての理由づけもされている。二つの言語的思考がセットになって展開されているのが注目されます。

4 読み手の意識がかりんちゃんに向けられる(双方向的な読み)

読み手の意識が、すみれちゃんからかりんちゃんに向けられます。
授業記録の一コマです。
HN　「もう、かりんたら、もう。」のところで。
かりんちゃんが思ったことで。「おねえちゃん、なんで怒ってるの？」
教師　「なんで怒ってるの。」、今のどう？
RT　HNさんに答えて。（かりんちゃんが）らくがきをしているからです。
教師　そうだよね。だからすみれちゃんは怒ってるんだけど。かりんちゃんにとってそれは、お勉強だから、「何で怒ってるんだろうっ」ていう気持ちなんだよね。

「おねえちゃん、なんで怒ってるの？」というかりんちゃんの気持ちを問題にしたことは大事なことです。すみれちゃんの視点からこの場面は捉えられていますが、読者の視点からかりんちゃんに読みの意識を向けるということも必要なことです。読みが双方向的になります。すなわち、すみれちゃんの驚きの気持ちと「おべんきょ。」と答えるかりんちゃんの気持ちを双方向的に捉える。両者のくいちがった気持ち、すれちがった心情を読み取る。相互関連的に読み取っていく。このような読みができるように指導したいものです。

5　なんでこんな「語り口」なの？――「ちょっとしたことがおきて」って言うけど

すみれちゃんがコスモスに水やりをしている間に、「すみれちゃんのへやではちょっとしたことがおきていました。」と語ります。この語り口に異論が出されます。

TR　「ちょっとしたことがおきて～」のところで、自分が思ったことで、ちょっとしたことではなくない？（これは、すみれちゃんにとって怒ること。「ちょっとしたこと」かという読み）

教師　どう？

RN　TRさんと似ていて。（すみれちゃんがノートを）出しっぱなしにしてたのに…。ちょっとしたことじゃないし…。なんからくがきは、ちょっとだけ破って、ほかのページに書けばいいのに…。

教師　じゃあ、「ちょっとしたこと」っていうのは、大変なことなんだね。だれにとって？

Ⓒ　すみれちゃんにとって。

かりんちゃんが、すみれちゃんのノートに何かをかきはじめた。学校で使うノートにかってにかかれては、すみれちゃんが、困る。語り手は、「ちょっとしたことがおきていました」と語るけど…。すみれちゃんは、黙っていないはず。一騒ぎにならないかな。こんな思いを読み手はしています。読み手の意識が、語り口に向けられます。語り手はなぜこんなふうに語るのか。TRの意見は、この問題に切り込む大事な切り口です。すなわち、語り手が、語るという表現構造に気づくということです。「語り手」（語り口）という概念を使うことによって作品世界を構造的に捉える思考が育つということです。

Ⅳ　三学年　『モチモチの木』（光村図書）

一 『モチモチの木』をどう読むか

1 『モチモチの木』の全体像
2 語り手の特異な語り口調は何を暗示するか
3 モチモチの木は豆太にとって何なのか
4 「やさしさ」「おくびょう」「勇気」
5 その晩もじさまを起こした豆太をどう見るか
6 語り手が主として語っている問題

二 『モチモチの木』の読みの発達

1 「豆太」と「月の夜」の場面の語りの構造
2 「語り手の心」を発見
3 「語り手」という自覚が導く深い読み
4 「豆太の恩返し」論を授業の中に投げることの意味
5 豆太の行動の根源にあるものを問う
6 もう一つ、文学の読みの発達ドラマがあった
7 自分の秘められた可能性を求めて

一　『モチモチの木』をどう読むか

今までの『モチモチの木』の教材研究では、注目されなかった側面にも光を当てます。教材研究のあり方を追究し授業の改善を図るためのものです。

1　『モチモチの木』の全体像

『モチモチの木』の全体像にはいろいろな側面があり、それらが深く関連しあって全一的世界（物語の全体像）をなしています。全体像の主要な側面です。

（1）書き手（作家・斎藤隆介）が形象をとおして主として描いている問題（テーマ）

これは、作品のモチーフ（表現の中心的な動機となるもの）と深く関連しあっています。

・峠の猟師小屋でのじさまと豆太の生きざま

・峠の猟師小屋という状況の中で五歳の豆太が成長していく姿とその成長に働きかけるじさまの言動など

（2）状況と登場人物の考えたこと、言動、経験した内実（人物像・人物関係）など

・「おくびょう豆太」とじさま（おとうも）の関わり

・「おくびょう豆太」とモチモチの木（山の神様の祭り）の関連

（3）事件の展開（人物との関連をおさえて）

・物語の構成はどうなっているか
・真夜中のじさまの猛烈な腹痛の様子（大変な事件）
・医者様を呼びに霜の山道を走り下る豆太の自主的判断と行動の様子
・豆太は山の神様の祭りを見る（山に生きる豆太にとってどんな意味をもつ体験か）
※困難な状況を拓いていく時こそ豆太の本性が発揮される。
（じさまの言葉「人間、やさしささえあれば…」――じさまの人間観の表れ）

（4）語り手、語りの口調はどうか（表現方法・虚構のあり方）

（5）読み手の意見・感想

※読み手の「ことば・読みの力」の総発揮の中で作品世界の全体像が立ち現れます。「読み手の意見・感想」は作品の全体像と切り離せないものであり、（5）として取りあげます。

（6）その他

・作家（斎藤隆介）と作品の関係はどうなっているか
※これは作家研究・作品研究と密接に関連する側面です。

〈テキストの問題〉
いずれをテキストに選ぶかということも大事な問題です。
Ａ　絵本（『モチモチの木』――岩崎書店）
Ｂ　教科書（『モチモチの木』――光村図書）

2　語り手の特異な語り口調は何を暗示するか

「全く、豆太ほどおくびょうなやつはない。もう五つにもなったんだから、夜中に、一人でせっちんぐらい行けたっていい。」

語り手は、「全く豆太ほどおくびょうなやつはない。」と決めつけた口調です。「もう五つにもなったんだから……」と豆太への期待感がにじみます。読み手は、このような口調に、「そういうあなたは、五歳の頃どうだったのよ」と、反発を覚えます。

このような豆太が、半道もあるふもとの村まで走って医者様を呼びに行けたのです。じさまは次の朝言いました。

「おまえは、一人で、夜道を医者様よびに行けるほど、勇気のある子どもだったんだからな。」

読み手はこのじさまの言葉に納得すると同時に、冒頭の「全く、豆太ほどおくびょうなやつはない。」という語りは何だったんだと考えます。この強い調子の語り口調は、豆太が、夜道を医者様呼びに行った行動を際だたせます。冒頭の語りは、語り手の豆太への期待が強い表れであることがわかります。

3　モチモチの木は豆太にとって何なのか

「モチモチの木」は、豆太にとって昼と夜とで異なった姿に見えます。この木のイメージが、豆太にとってどういう意味をもつか、このような問いが、深い読みにつながります。

（1）豆太の名づけた「モチモチの木」

「モチモチの木」と名づけたのは豆太です。栃の実を木臼でつく。それを石臼でひき、粉にして餅にします。それをふかして食べる。「モチモチの木の実」は、豆太にとっておいしい「餅になる実」であり、自然の恵みなのです。

（2）夜はこわい「お化けの木」

「モチモチの木」は、暗い夜はお化け。「お化けぇ。」って、上から豆太を脅かす。

「空いっぱいのかみの毛をバサバサとふるって、両手を『わあっ。』と上げる……」

「モチモチの木」は、夜は「お化け」に変身。豆太にとって昼と夜は、別物に映るのです。

（3）山の神様の祭りの木

「山の神様の祭り」は、山に生きる民にとって秋から冬へ向かう節目の祭り。「モチモチの木」は、山の神様の祭りの木でもあります。それを子どもたった一人で見るということは、山の神様を迎えることであり、大人になっていく一つの儀式的なものかもしれません。

このように読みすすめると、「モチモチの木」は豆太の暮らしと共にある木、豆太の成長を物語る木と言えましょう。

4 「やさしさ」「おくびょう」「勇気」——この人間観をどうつかむか

（1）「やさしさ」を徳目的につかまないために。

「やさしさ」をじさまとの人間関係でつかむ。

『モチモチの木』の授業でよく取り上げられるのがじさまの次の言葉です。

「おまえは、一人で、夜道を医者様をよびに行けるほど、勇気のある子どもだったんだからな。自分で自分を弱虫だなんて思うな。人間、やさしささえあれば、やらなきゃならねえことは、きっとやるもんだ。」

豆太にとって「やさしさ」とはなんでしょう。「やさしくしなさい」とお説教されて優しくなれるものなのか。

これを文科省の道徳の授業のように徳目化して教えれば優しい心が育つのでしょうか。

豆太の心の中に分け入ってみましょう。じさまの腹痛を心配する心。じさまが起きあがれないかもしれない。このようなじさまの容体をすごく心配して、豆太は医者様を呼びに霜の降りた夜の峠道を走り下ったのです。

これはじさまと豆太との二人の関係の中で発揮された行動です。じさまを心配する気持ち、大切にしようとする心と行動が一体化したものをことばに表現すれば、「やさしい行い」と言うことができます。「やさしさ」を人間関係においてつかむ見方をすることが重要です。

（2）じさまの「勇気」という言葉は、豆太に向けられたものですが、じさまの「勇気」についての見方を語ったものでもあります。

「自分で自分を弱虫だなんて思うな。人間、やさしささえあれば、やらなきゃならねえことは、きっとやるもんだ。」

① この言葉の真意は、「自分に自信を持て」ということ。「やさしさ」に根ざした豆太の医者様を呼びにいく行いは、他者は「勇気のある行いをした」と見ます。

② 人を決めつけたり、固定的に見たりしない。人の持つ可能性を見る。こういう人の見方がこの会話文ににじみ出ています。

③ では、語り手の冒頭の語りはどうなのか。

「全く、豆太ほどおくびょうなやつはない。もう五つにもなったんだから、夜中に、ひとりでせっちんぐらいに行けたっていい。」

語り手は、プロローグではこのように決めつけて語りますが、エピローグでは、じさまの会話に同調しているように思えます。

「それでも、豆太は、じさまが元気になると、そのばんから、『じさまぁ。』と、しょんべんにじさまを起こしたとさ。」

・豆太のじさまの呼び方は三とおりあります。

「じさまぁ。」（しょんべんに起こすよびかけ）

「じさまぁっ。」（むちゅうでじさまにしがみつこうとする）

「じさまっ。」（こわくて、びっくらしてとびついた）

「じさまぁ。」は、多分に甘えをふくんだ呼びかけです。自立（一人立ち）といったって一筋縄ではいか

ないよと言っているようです。（斎藤隆介の人間観の現れか）

5　その晩もじさまを起こした豆太をどう見るか

豆太は夜中に一人でせっちんに行けない。じさまに起きてもらわないと一人でしょんべんができない。その豆太が霜の降りた真夜中に医者様を呼びに行った。が、その後も、「じさまぁ。」と起こした。これを読んだ子どもたちは、「豆太が元にもどった。」と言います。

子どもの発達というものは、螺旋階段を登ることに似ていると思います。ストレートに物事ができるようにはいかない。じさまが元気になった晩から、もし豆太が一人で雪隠に行けたと語ったら、嘘くさい。これはリアリティの問題です。

6　語り手が主として語っている問題

『モチモチの木』の読みでよく注目されるのは、じさまの言った、「人間、やさしささえあれば、やらなきゃならねえことは、きっとやるもんだ。」という言葉です。この言葉は語り手（書き手）のモチーフ（物語の中心的な動機）といえます。が、もう一つ読み手として見落としたくない側面があります。それは、豆太の体験の内実を問うことです。

じさまの腹痛に遭遇して、豆太が真夜中に何を見、何を考え、どういう行動（体験）をしたのでしょうか。

〈豆太の体験の内実を問う〉

①　じさまの容体がただごとではないという見立てをした。
（じさまの容体の判断）

②　医者様を呼びに行かなくてはならないと思った（判断）。
（豆太の自立的判断）

③　泣き泣き医者様を呼びに麓の村まで走っていった。そして医者様にわけを話した。
（じさまを心配する優しさから生まれる自立的行動）

④　山の神様の祭りを見た。
（じさまやおとうと同じ体験をした）
じさま→おとう→豆太（山に生きる人々が伝えてきた祭り）

⑤　豆太はじさまのことばを聞いた。
○「人間、やさしささえあれば……」
（豆太がそれをどう受け止めたかは語られていない。それは読み手の読みにかかっている。豆太がそのことばの意味をわかる日は将来きっとくるだろう）
○医者様のことば「まるで、灯がついたようだ」
（豆太がそれをどう理解したかは語られていない。これも読み手の読みに委ねられている。）

このように豆太は豊かな体験をしています。読み手としてこの体験を深く受けとめる授業をしたいものです。

二　『モチモチの木』の読みの発達

1 「豆太」と「月の夜」の場面の語りの構造

この場面の語りの構造を先ず調べてみましょう。
語り手は豆太の切羽詰まったつぶやきを語ります。
「医者様をよばなくっちゃ。」（豆太の内面―つぶやき）
そして、表戸をふっとばして走りだした豆太を追います。
「ねまきのまんま。はだしで。半道もあるふもとの村まで―。」（豆太の様子・行動描写）
語り手は、外の情景に視線を向けます。
「外はすごい星で、月も出ていた。とうげの下りの坂道は、一面の真っ白い霜で、雪みたいだった。」（峠の真夜中の情景描写）
外は凄い星々。月も出ている真夜中の峠の坂道。その情景の中を走る豆太像が浮かびあがります。
「霜が足にかみついた。足から血が出た。」（擬人化表現・豆太の様子）
語り手は、なきなき走る豆太に寄りそいます。
「いたくて、寒くて、こわかったからなぁ。」（豆太の内面と語り手の同情）

豆太を見守る語り手の思いがにじみ出ています。

「でも、大すきなじさまの死んじまうほうが、もっとこわかったから、なきなきふもとの医者様へ走った。」（豆太の内面・行動）

じさまが死んじゃったら豆太はどうなるでしょう。読み手も豆太を応援したくなる語り口です。「豆太、がんばれ。」と。

こうみると、語り手の視点・視線の移動は、単純ではないことがわかります。

① 豆太の内面に入って語る → 豆太の様子と行動を語る
② 外の情景描写（その情景の中に豆太を置いて語る）
③ 豆太の様子・行動を語る → 豆太の内面と行動を語る

この場面は、短いセンテンスで、語り手は、視点を自在に移して語ります。斉藤隆介の表現方法の巧みなところです。

「でも、大すきなじさまの死んじまうほうが、もっとこわかったから……」

この語りは、『モチモチの木』で重要な意味を持ちます。豆太が医者様を呼びにいく行為は、じさまの生死に関わる心配から出たものだということがわかります。

2 「語り手の心」を発見——語り手の語り口が変わる

この場面を伊藤学級の児童は、どう読んだでしょうか。峠の下りの坂道を泣き泣き走る豆太は、じさまのことで頭が一杯です。「いたくて、寒くて、こわかった」豆太の心情についての児童の話し合いがはずみます。語り手は豆太に寄りそって語る。冒頭の語り手の語り口と変わってきているのではないか。こういう語り手の問題（語りの構造）に児童の思考（言語的思考）が迫っていきます。

伊藤授業の記録（第8時）

UI　豆太はすごくじさまのことを心配していて、

「とうげの下りの坂道は、一面の真っ白い霜で、雪みたいだった。」

というのは、語り手が言っているんじゃないか。

（「語り手の語り口」を自覚する）

教師　「雪みたいだった」は、語り手が言っている。豆太はじさまが心配で、頭の中は（じさまのことで）いっぱいだったから、これ（坂道の情景）を言っているのは語り手じゃないかということ？　どう、みんな？

C　そう、そう思う。（C　たしかにそう）

HK　（豆太は）そんなこと思うひまもない（「なきなき走った」から）。それに繋げてなんだけど……「外はすごい星で、月も出ていた」というところも、周りの風景で、どんな感じかわかりやすい。これも語り手が言っているんじゃないか（表現の構造を問う→豆太の行動描写と下りの坂道の情景描写）。

教師　みんなすごいねぇ。

IK　もうひとつ語り手っぽいところで……「いたくて、寒くて、こわかったからなぁ。」も、語り手が言ってるんじゃないかな。（AM「あたし、そこである」）

教師　こわかったからなぁと言っているもんねぇ。AM、そこで発表があるの？　はい、どうぞ。

AM　「こわかったからなぁ」というところは、（ほかの人からいうと、「こわかったからかもしれない。」とかなるけど。「こわかったからなぁ」ということは、これは語り手が大人になった豆太になって言っている。

教師　「こわかったからかもしれない。」ではなくて、豆太の気持ちそのものを言っているよね。ということは、豆太の気持ちに寄りそっている。語り手が……。そういうようなところ、ＡＭ（の読みに）、近いんじゃないかな。

ＨＫ　同じところなんだけど、豆太は……語り手が豆太に話しかけているというか、「寒くてこわかったからなぁ」ってさ、じさまみたいに言ってあげているんじゃないかな。

教師　じさまが豆太を思うように、語り手も豆太を思っているっていうこと？　ああ、語り手は最初は（「全く、豆太ほどおくびょうなやつはない。」と）、あきれていたんだよね。だけど、今は、豆太は？

Ｃ　もう、豆太のおとうのようなきもすけ（「くまと組みうちして、頭をぶっさかれて死んだほどのきもすけ」）。

Ｃ　豆太がきもすけになる第一歩。

教師　語り手も（語り口が）変わってきている（児童は語り口の変化をつかむ）。

豆太も（きもすけの）第一歩を……（Ｃ　踏んだ）ちょっと戻るけど、今、外の情景は、語り手（が語る）と言ったよね。

だれだっけ、これ（板書「雪みたいだった」）、言ってくれたのは？

Ｃ　ＹＩだよ。

教師　ＹＩか、君もすごいね、ほんとに。だから、これ、「外はすごい星で、月も出ていた。」を言っているのは語り手だということだね。

教師　どんな夜だと思う？

Ｃ　すごい明るい夜。

教師　明るい夜だね。

Ｃ　明神様のお祭りだから（「山の神様の祭り」のこと）。

Ｃ　満天の星空。

Ｃ　明神様を迎える会と同じ。

教師　どういうこと？

ＹＩ　月がだんだん明るくなってきている。

教師　うん、うん。じゃ、外の情景、明るい夜だっていうことだね（「モチモチの木に、灯がついている。」という情景をイメージする伏線となる）

ＨＫ　語り手は、いろんなところを表現とか、「外はすごい星で」だとか、そういうのを詳しく言ってくれて、いろんなことがわかって、なんか語り手って、物語のセリフ（会話文）とかじゃないとか（地の文）を言っているだけじゃなくって、「語り手も心を持って言っている」みたいな……（語り手は、地の文を語るだけでなく、語り手の心も語っている意）

教師　すごいなぁ。

ＨＫ　語り手は、「物語の人物」（登場人物）ぐらいの心を持っているんじゃないかな。

教師　すごいなあ。語り手というのは、今まで聞いた、ただのナレーターと違うということね。「語り手も心を持っている」みたいなことですね。すごいなぁ、ＨＫは。

伊藤授業の児童（三学年）の「豆太」と「月の夜」の語り口についての討論内容を整理します。

（１）語り手は、豆太の行動を語る

「なきなき走った」（豆太の行動描写）

（２）豆太は、じさまが心配で、頭の中はじさまのことで一杯

（これは読み手の解釈）

○語り手は、豆太の感覚・心情に寄りそって、
「いたくて、寒くて、こわかったからなぁ。」と語る。
○豆太を語る「語り口」が変わってきた
・語りはじめ――「全く、豆太ほどおくびょうなやつはない。」と語り始める
・真夜中――「豆太は、なきなき走った。いたくて、寒くて、こわかったからなぁ。」

（3）語り手は、とうげの下りの坂道の情景を語る（情景描写）

「一面の真っ白い霜で、雪みたいだった。」

「外はすごい星で、月も出ていた。」

（4）語り手は、ただのナレーターとちがって、「語り手も心を持って語る」

伊藤学級の児童は、語り手の「語り口」が変わってきていることに気づきました。豆太に寄りそって語る語り口。

「語り手は心を持っているんじゃないかな。」（いたくて、寒くて、こわかったからなぁ）

三学年で「語りの構造」にこのように分析の目を向けることができました。

伊藤学級の児童は、「豆太に勇気が出た」「じさまのために勇気が出て……」と、豆太像を捉えていきます。そして、語り手の冒頭の語り口が、変わってきている。豆太に寄りそって語る。ただのナレーターとは違う。「語り手も心をもっている」と気づきます。

このように「外はすごい星で、月も出ていた」という山の神様の祭りの大舞台。語り口の変化とともに豆太の人物像の深まりを追求する読みが、伊藤授業で展開されます。

3　「語り手」という自覚が導く深い読み

『モチモチの木』では登場人物・豆太やじさまが登場し、活躍します。読み手（児童）は豆太に同化したり異化したりして読みすすめます。

語り手は、「豆太」というような名前が付けられていません。どうやって「語り手」の存在を児童は意識できるのでしょうか。

全く、豆太ほどおくびょうなやつはない。もう五つにもなったんだから、夜中に、一人でせっちんぐらいに行けたっていい。

冒頭の文です。「一人でせっちんぐらいに行けたっていい。」と、語り手は言う。「そういうあんたは、五歳で夜中にトイレにいけたの？」と反発する児童もいます。

語り手には登場人物のように名前はありません。しかし、「語り手」が作品世界を語るという表現構造を伊藤学級の児童は気づいています。

語り手がどこから見て語っているのか、どんな思いで語るのか、こういった「語りの構造」に分析の目を向けています。伊藤学級の児童は次のように捉えます。

○語り手は、豆太の行動を語っている。

○語り手は、豆太の感覚・心情に寄りそって語っている。

○豆太を語る「語り口」が始めと変わってきている。
○語り手は、峠の下りの坂道の情景を語っている（情景描写）。
○語り手は、ただのナレーターと違って、「語り手も心を持って語っている」。
伊藤学級の児童は、語り手の「語り口」のこのような変化に気づきました。豆太に寄りそって語る語り口。

「語り手は心を持っているんじゃないかな。」と、自覚しました。この自覚がこの物語の深い理解に導きます。

4 「豆太の恩返し」論を授業の中に投げることとの意味

第七時までの読みをまとめる中で、「豆太は、じさまに恩返し」という読みが出てきたことを教師は読みの問題として投げかけてみた。「恩返し」論は、本作品を読む上で重要な課題です。この「恩返し」論を授業でどのように話し合ったらいいでしょうか。

教師　みんなの中で、読んでいて、じさまに「豆太の恩返し」という人が何人かいたんだけど、じさまに「恩返し」というかな？　ちょっと考えてみて。「恩返し」というと鶴の恩返しみたいだけど。「恩がえし」っていうのがぴったりだと思う？　どんなことばだろう（教師は数名の児童のひとり読みの中に「豆太の恩返し」論を見つける）。

ＹＫ　いつも世話してもらっているから、「恩返し」でなくて、じさまのお世話をするために、医者様を呼ぶ？

ＲＴ　豆太とじさまを逆にする（「じさまが豆太のために……」を「豆太がじさまのために……」と、逆にする意）

教師　豆太とじさまを逆にする。いつもこうだけど（「じさまが豆太のために……」）、それを逆にする。ここは、「豆太がじさまのために」。ＲＴ、君は、いつもいいことばが出るからねえ。

ＭＫ　豆太も自分のためでもあるし、じさまのためでもある。自分がだめになったら困るし、じさまも、お腹痛くて困っちゃう。（じさまと豆太の双方向から発想する）

そもそも「恩返し」とはどういう意味か。広辞苑では、「受けた恩に報いること」と定義をしています。「鶴の恩がえし」は、傷ついた鶴が与ひょうに助けてもらう。その恩に報いるという物語。鶴には、「助けてもらったという思い」（恩）があり、その恩返しをしようとする自覚に基づく行為をします。これは人道に関わる物語です。

『モチモチの木』の伊藤授業では、「恩返し」論はその後話し合われませんでした。筆者は、もっとこの問題を掘りさげるべきだと考えます。では、本授業のどこで取りあげるのが適切だったのでしょうか。次のように授業を構想します。

表現の鍵となるのは次の叙述の読みです。

霜が足にかみついた。足からは血が出た。豆太は、なきなき走った。いたくて、寒くて、こわかったからなぁ。（叙述Ａ）

でも、大すきなじさまの死んじまうほうが、もっとこわかったから、なききなきふもとの医者様へ走った。（叙述B）

（便宜上、叙述にAとBの記号を付けて論じる）

「霜が足にかみついた。」、この文は、擬人化の表現で、霜が生き物のように豆太の足に噛みつく感覚をよびおこします。

「豆太は、なきなき走った。」（叙述A）

なきなき走る豆太の行動が描写され、読み手の脳裏に「なきなき走る」豆太像が浮かびあがります。語り手は、「いたくて、寒くて、こわかったからなぁ。」と、豆太に心を寄せて語ります。冒頭の「全く、豆太ほどおくびょうなやつはない。」と語るあの語り手の口調ではありません。

「でも、大すきなじさまの死んじまうほうが、もっとこわかったから、なきなきふもとの医者様へ走った。」段落を変えて、「でも」と逆接の接続詞で語るのはなぜでしょうか。

「いたくて、寒くて、こわかったからなぁ。」（A）

痛い感覚、霜で真っ白の峠の山道の寒さ、お化けのような木々のこわい姿。「でも」、「大すきなじさまの死んじまうほうが、もっとこわかった」から、「なきなきふもとの医者様へ」豆太は走ったのでした。

Aは、豆太の痛い、寒い、怖い感覚を語る。（豆太の感覚）

Bは、「じさまの死じまうほうが、もっとこわい。」と語る。（じさまが死ぬことの怖さ）

AとBの違い、これは、怖さの質が違います。B文はじさまの生死に関わる怖い問題です。段落を変え、逆接の接続詞（「でも」）で語るこの表現の意味はずっしりと重い。伊藤授業ではA文の叙述とB文を比べ、表現内容をしっかり読み解く方向に向かいませんでした。逆接の接続詞のはたらきを読み手に気づかせれば、豆太にとっての「怖さ」の質の違いを把握できたでしょう。

それでは、どのように授業を展開するか。伊藤学級の児童の発話を参考にして、授業のシミュレーションをしてみます。

授業のシミュレーション（「恩返し」について考える）

（○問題のテキストを黒板に掲示する　※児童名は全て仮名です）

教師　A文とB文とを比べて読んでみましょう（音読――考える間をとる）。二つを比べてわかったことをどうぞ。

ＹＫ　さいしょの「なきなき」は、豆太のなきなき（行動描写）で、後の「なきなき」は語り手が説明しています。

教師　Aの「豆太は、なきなき走った。」は、豆太の「ないた行動」を語っています。この文から豆太の気持ちがわかってくるね。（行動描写文から豆太の心情を想像する）

ＭＫ　霜が足に刺さって痛い。寒い、怖いという豆太の気持ちです。

教師　そうだね。B文と比べてわかったことをどうぞ。

ＫＫ　豆太は痛いのを気にしているけど、B文は、それよりも「じさまが死ぬこと」をもっと怖いって、言っています。

教師　「豆太は痛いのを気にしているけど」と言ったねえ。B文のどのことばでそう思ったの？

ＫＫ　「でも、大すきなじさまの……」の「でも」です。
教師　「でも」という「つなぎことば」を手がかりにして考えると、わかってくるね。（「でも」に赤線を引く）
ＭＭ　豆太は、「医者様をよばなくっちゃ。」と思って、「大すきなじさまの死んじまうほうが、もっとこわかったから」、泣き泣き医者様へ走った。
教師　前の文とつなげたねえ。腹痛で苦しんでいるじさまの様子。それを見て「医者様をよばなくっちゃ。」と、とっさにつぶやいて表戸をふっとばして走りだした豆太。あの時の豆太の気持ちとつながったね。
ＴＩ　豆太は、歯をくいしばって苦しんでいるじさまを思った。「じさま、死なないで。」と心で言って走っていると思います。
教師　「でも、大すきなじさまの死んじまうほうが……」、この文から豆太の泣き泣き走る様子や「じさま、死なないで」という気持ちが伝わってくるね。
ＲＫ　ＴＩ君が言ったみたいに、豆太は、走りながら「じさま、生きてて！」と思ってる。
教師　ここで「恩返し」について考えよう。この場面は、「恩返し」ということばが、ぴったりしますか。
Ｃ　「じさま、死なないで」って夢中。（Ｃ　「じさま、しっかりして」って）
Ｃ　豆太は、じさまに「恩返し」をしようって思って走ってないよ。
教師　そうだねえ。この先、「豆太の恩返し」という言い方がいいかどうか、考えていこう。（読みの課題としていく）

5　豆太の行動の根源にあるものを問う

「医者様をよばなくっちゃ。」と、医者様を呼びに走りだす豆太の行為を、「恩返し」の行動ではないとすると、どんな表現の仕方があるか、じさまのことばを探ってみましょう。

「人間、やさしささえあれば、やらなきゃならねえことは、きっとやるもんだ。」（この物語のテーマに迫ることば）

豆太の内にある「じさまを思う心」、「じさまを思うやさしさ」こそ豆太のこの夜の行動の根源にあるものです。これは、じさまと豆太の両者の暮らしの中で育まれたものであり、「恩返し」とはまた質の違うものです。人間として最も大事にされるべきものです。

「豆太みたいにやさしくゆう気のある子になりたい」という心の叫び

人間としての「やさしさ」、人を思いやる心の大切さに、『モチモチの木』の後半の読みをとおして伊藤学級の児童は、目を向けました。

児童の書いた次の一文を見てください。豆太の「じさまを思うやさしさ」に心を揺さぶられている児童の姿が、浮かびあがります。

「豆太へ　　　　ＹＫ

豆太は、やさしい所もあり、ゆう気のある所があるからいいね。豆太みたいになれる人は、私はすごいと思う。わたしも豆太をみならおうかな。豆太みたいにやさしくてゆう気のある子どもになれる人は、少ないのに、豆太はなってすごいね。きっとみんなは、豆太みたいにやさしくゆう気のある子になりたいと思っているよ。わたしは、豆太がりっぱな大人になれることを期待してるよ。」

ＹＫは、「わたしも豆太をみならおうかな。」と思いました。「豆太みたいにやさしくゆう気のある子になりたい」という願いは、この児童の心の奥深くに根を下ろしました。このような文学体験を、「感動体験」と私は呼びます。伊藤授業の中で、この児童は、このような「感動のある文学体験」に到達したのです。

6 もう一つ、文学の読みの発達ドラマがあった

ＳＴは、発達がスロー・ペースの子だ。第1時の読みのプリントには一言も書きこみがありません。第2時（語り手が「どうして豆太だけが、こんなにおくびょうなんだろうか」と嘆く場面）でやっと豆太に同情の反応を示しました。

「まめたがかわいそうだなー」（ＳＴの書きこみ）

教師は、「よくかいたね！」と励ましています。じさまと豆太の双方の関わりについての次の言葉には考えさせられます。

「まめたにとってじさまがたいせつでじさまにとってまめたがたいせつ」（テキストへの書きこみが長くなる）

教師は、ＳＴの書きこみに、「おたがいにたいせつなんだね。」と、花丸を添えました。彼は次の授業では、クラスの協同の読み（話し合い）に触発され、豆太像を太らせていきます。じさまが腹痛を起こした

夜の場面では、豆太に心を寄せ、思ったことを書きました。

「まめたはじさまにしんでほしくないからいしゃさまおよびにいかなくちゃいけない　まめたは5さいだからまだおうきゅうしょちができないからがんばらないといけない」

クラスの読みの学習の輪の中にSTは加わっていきます。学習仲間の話しことばを理解したり、協同の読みを書きことばで書きとめたりする言語的思考と活動を展開しています。

伊藤授業には、授業記録に記されてはいませんが、STのような発達のドラマがいろいろありました。このような文学の読みの発達の多様性を追求していくことが私たちの今日的課題であると思います。

伊藤学級は読み合い、意見を交わしわかり合う喜びに満ちていました。クラスの仲間に深い読みを問いかけるAKが、伊藤学級での学び合いの楽しさ、協同の読みを創る喜びを記しています。

「今日、『あゆみ』が、ぼくがいいたいことをまとめて（くれて）、そしてやすんでた『ST』もいて、やっぱり『RM』が言ったようにみんなでやると、よくわかるしなんかうれしいし楽しい。」

言いたいことを仲間が適切なことばで言い当てると目から鱗が落ちた心境になるものです。印象的な場面で獲得したことば（概念）は、「理解　⇅　表現」の語彙として身についていきます。

7　自分の秘められた可能性を求めて――「人間認識」の発達の可能性を追求する読み

最後の場面で、豆太が、「そのばんから、『じさまぁ。』と……」、起こしたことをめぐって討論が熱を帯びました。

「豆太は（もとに）もどったんじゃなくて心の中ではキモ助だと思う。」

「豆太には、ちゃんとした勇気があった。みんなにも、自分でもまだわからない本当の力というものがあるんじゃないか。じさまはとてもうれしかった。豆太は、自分がこんなことができたと、自分でびっくりしてるかも。」

児童は、豆太に「臆病な面」と「キモ助」な面があり、いざという時には勇気を発揮すると、理解しました。豆太の内面に二つの対立しあう要素が同時に統一して存在し合うという認識です。これは人間認識にとって重要な発達と言えます。

豆太の話を通して、読み手・自身の中にも、「自分でもまだわからない本当の力」というものがあるのではないか、こういった自分に秘められた可能性に気づく読みを目指します。

Ⅴ　四学年『一つの花』（光村図書）

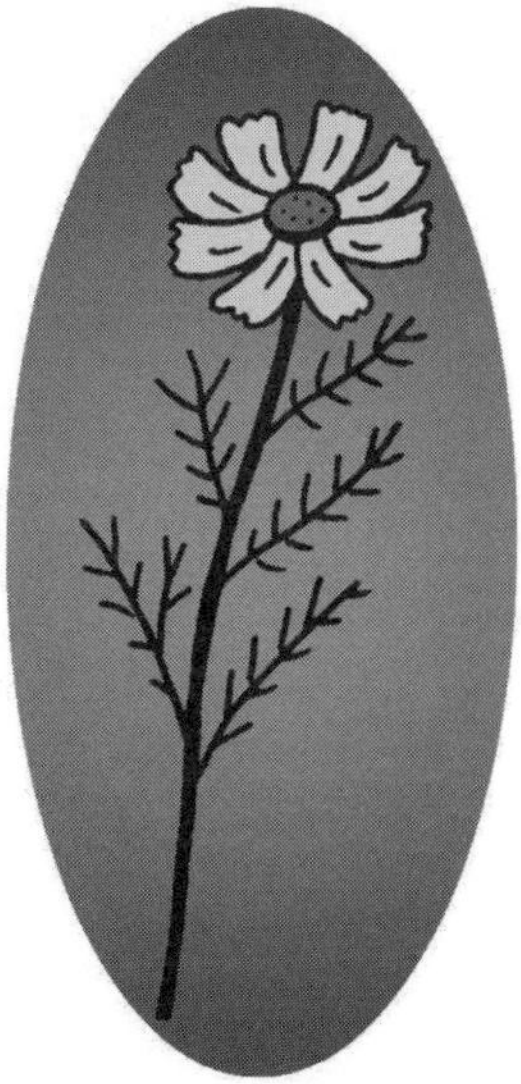

一　『一つの花』をどう読むか
1　戦争の知識を生かしてゆみ子の世界を想い描く
2　「一つだけのよろこびさ」を重く受け止める
3　「戦争に行かなければならない日」とはどんな日だろう
4　「一つだけのお花、大事にするんだよう――。」という願い
5　それから十年、ゆみ子とお母さんはどう生きているか
二　『一つの花』の授業
1　どんな前時の想起が活発な授業を生みだすか
2　子どもの多面的な読みを育てる
3　題名『一つの花』との関係づけは伏流水となる
4　「一つの花」はお父さんの身代わりの花
5　コスモスの花の印象を引き出すチャンス到来
6　行間（作品の余白）を創造的にイメージする
7　自分の分身を作品世界に移して想像する
8　本当の「一つだけの喜び」とは何だろうか
9　『一つの花』の読みの授業で「十歳の壁」をどう越えるか
10　文学の読みの発達のキー・ポイント

一　『一つの花』をどう読むか

1　戦争の知識を生かしてゆみ子の世界を想い描く

『一つの花』という題名が変わっています。普通は「一輪の花」とか「一本のバラの花」と言います。「一つの花」は、何を意味するのでしょうか。なんでこのような言葉の題名なのでしょうか。

「一つだけちょうだい。」


これが、ゆみ子のはっきりおぼえた最初の言葉です。

まだ戦争のはげしかったころのことです。


時代は戦争のはげしかったころのこと。

「一つだけちょうだい。」

こんな言葉が、幼いゆみ子のはっきりおぼえた「最初の言葉」とは、なんと切ないことか。

「そのころは、おまんじゅうだの、キャラメルだの、チョコレートだの、そんな物はどこへ行ってもありませんでした。」と、食料難の状況が、語られます。

毎日、敵の飛行機が飛んできて、ばくだんを落としていきました。
町は、次々にやかれて、はいになっていきました。

不気味な飛行機の音とともに焼夷弾がたくさん夜空から落とされる。火の手があちこちで上がる。家々が赤々と燃え上がる。多くの人々が悲鳴を上げて逃げ惑う。こんな有様が、浮かび上がる表現です。

『一つの花』の語り手は、目撃したことを淡々と語ります。当時（昭和二〇〜三〇年代）の読み手（青少年）は筆者と同年代の読者です。これだけの語りのことばで町が次々に焼かれていく有様がイメージできました。

しかし、21世紀を生きる現代の読者（児童）は、あの戦争体験はしていません。授業で読み合う場合は、子どもたちの戦争の知識を生かして想像したことを話し合うことが大切です。その想像の量や質によって作品の読みの深まりが違ってきます。

2 「一つだけのよろこびさ」を重く受け止める

ゆみ子の最初に覚えたことばが、「一つだけちょうだい。」というのは衝撃的です。「おやつちょうだい。」、「もっとちょうだい。」と言えない軍国主義の世の中でした。

題名『一つの花』と「一つだけちょうだい」と、どのように関わるのか、読みの課題が見えてきます。

食べ物が今の時代のようにあったら、こんな言葉は、最初に覚えるはずがありません。

「一つだけ――。一つだけ――。」
と、これが、お母さんの口ぐせになってしまいました。ゆみ子は、知らず知らずのうちに、お母さんのこの口ぐせをおぼえてしまったのです。（『一つの花』の引用）

最初に覚えた言葉が、「一つだけちょうだい。」というのもうなずけます。ゆみ子は、十分に食べ物がもらえず、いつもお腹をすかしていたのでしょう。

「この子は、一生、みんなちょうだい、山ほどちょうだいと言って、両手を出すことを知らずにすごすかもしれないね。一つだけのいも、一つだけのにぎりめし、一つだけのかぼちゃのにつけ――。みんな一つだけ。一つだけのよろこびさ。」

ゆみ子の生きる時代は、「おやつちょうだい。」、「もっとちょうだい。」と言えない時代です。ゆみ子のお父さんの「一つだけのよろこびさ。」という言葉が、重く響きます。題名『一つの花』と「一つだけのよろこびさ」と、どのように関わるのか、読みの課題が見えてきます。

物資が窮乏する中で、自分の食べる分からゆみ子に「一つだけ」と言って分けてくれるお母さんの口癖。「一つだけちょうだい。」とねだれば、なんでももらえると思っているゆみ子。しかし、「キャラメル」「チョコレート」などはあげたくても手に入りません。「にぎりめし」だって、ゆみ子が満足するほど食べさせてあげられない食料事情です。

「いったい、大きくなって、どんな子に育つだろう。」と、ゆみ子の将来を心配するお父さんの嘆きがわかります。

そんなとき、お父さんは、きまってゆみ子をめちゃくちゃに高い高いするのでした。

「めちゃくちゃに高い高いする」お父さんの切ない気持ちに共感します。

この「きまって」という言葉でお父さんが、何度もゆみ子を切なく思い、「高い高い」するのがわかります。ゆみ子は、その度に笑ってはしゃいだことでしょう。この親子の関わりをお父さんの「一つだけのよろこびさ」と関連づけると、お父さんとゆみ子親子の深い結びつきが読めてきます。

3 「戦争に行かなければならない日」とはどんな日だろう

ゆみ子のお父さんに避けて通ることのできない日がやってきました。『一つの花』には書かれていませんが、お父さんに「赤紙」(召集令状)が来たのです。拒否することのできない強制力が、「戦争に行かなければならない日」という表現に表れています。

あまりじょうぶでないゆみ子のお父さんも、戦争に行かなければならない日がやって来ました。

兵隊に召集された若者が、南の島々の戦場で次々倒れていきます。敵の銃弾に撃たれて戦死したり、傷ついたりしました。「ビルマ(ミャンマー)のインパール作戦」では、食料不足による飢餓で何万と推定される兵士の命が、奪われました。体の丈夫でないゆみ子のお父さんまで兵士として戦場に送り出される戦況です。

ゆみ子はお母さんにおぶわれて遠い汽車の駅までお父さんを送っていきました。

頭には、お母さんの作ってくれた、わた入れの防空頭巾をかぶっていきました。お母さんのかたにかかっているかばんには、包帯、お薬、配給のきっぷ、そして、大事なお米で作ったおにぎりが入っていました。

ゆみ子は、わた入れの防空頭巾をかぶっていきました。昼間でも「敵の飛行機」（アメリカ）が空襲していたのです。それに備える「包帯、お薬」が必要でした。「配給のきっぷ」は、なくすと、お米をはじめ生きていくうえで欠かせないものが、配給してもらえなくなります。表現をていねいに押さえ、読み広げていきます。

●表現に込められたものを読み広げる

a「戦争に行かなければならない日」

・戦争に行くことを拒否できない強制力が、支配している世の中でした。（召集令状がくる）

・戦争の状況が厳しくなっている中での召集令状（お父さんの運命は？）

・「毎日、てきの飛行機が飛んできて、ばくだんを落としていきました。」（お父さんが出征した後、お母さんやゆみ子はどうなるのだろう）

b「大事なお米で作ったおにぎり」

・お米は統制下にあって配給される食べ物でした。「大事な」という修飾語に込められた意味を汲みとります。
(米作りをする働き手が軍隊に召集される↓米の減産↓米の配給制度に)
(軍が米・食料を管理し、戦地に送る。国内は食料不足の状況)

4 「一つだけのお花、大事にするんだよう——。」という願い

ゆみ子のお父さんとお母さんは、勇ましい軍歌を歌う人たちと少し離れた位置(ホーム)にいます。勇ましい軍歌の見送りには似つかわしくない雰囲気です。そんなお父さんだからコスモスの花に目を向けたのでしょう。

お父さんは、プラットホームのはしっぽの、ごみすて場のような所に、わすれられたようにさいていたコスモスの花を見つけたのです。

「わすれられたように」は、受け身表現です。だれに「わすれられたように」咲いていたのでしょうか。コスモスの花は、「勇ましい軍歌」を歌う人々の目に入るはずがありません。語り手は、「わすれられたように咲いているコスモスの花」に目を向けるお父さんに注目します。お父さんの「親子三人で最期の別れを…」という思いが感じられる表現です。

通常の出征では、町会の人々(隣組)が幟を立て、軍歌を歌って送ります。ゆみ子一家のように家族だ

けの出征はありえないという批判の声もあります。筆者は、その声の正当性を認めます。が、ここは虚構性を優先して読みたい。ゆみ子のお父さんの「一つだけのお花、大事にするんだよう――。」ということばを重く受けとめる場面でありたいのです。

ゆみ子は、お父さんに花をもらうと、キャッキャッと足をばたつかせてよろこびました。
お父さんは、それを見てにっこりわらうと、何も言わずに、汽車に乗って行ってしまいました。ゆみ子のにぎっている、一つの花を見つめながら――。

ゆみ子のお父さんは、ゆみ子やお母さんの顔も当然見たでしょう(書かれてはいませんが)。お父さんは、「一つの花」を見つめながら行ってしまいました。「一つだけのお花、大事にするんだよう――。」、こんな願いをこめて。心に残るシーンです。

5　それから十年、ゆみ子とお母さんはどう生きているか

お父さんが出征してから十年が経ちました。まだまだ戦争の傷跡が残っている時代です。急ごしらえの粗末な家があちこち焼け野原に建っています。

それから、十年の年月がすぎました。
ゆみ子は、お父さんの顔をおぼえていません。

でも、今、ゆみ子のとんとんぶきの小さな家は、コスモスの花でいっぱいに包まれています。

ゆみ子が、お父さんの顔をおぼえていないのは無理もありません。が、

「自分にお父さんがあったことも、あるいは知らないのかもしれません。」

と言うと、「まさか…」と言いたくなります。その反応を予測するかのように、

「でも、今、ゆみ子のとんとんぶきの小さな家は、コスモスの花でいっぱいに包まれています。」

と、語ります。語り手は、こうして婉曲にお父さんの戦死を暗示します。

「一つだけのお花、大事にするんだよう――。」

お父さんのあの最期の願いは、こうしてゆみ子母子の手によって、「コスモスの花」のトンネルとなって咲いているのでした。戦後の厳しい世の中をけなげに生きているゆみ子母子を見ている語り手。語り手の目は、スキップしながらコスモスのトンネルをくぐって出ていく少女、町の方へお昼の買い物に出かけたゆみ子を温かい眼差しで見守っています。

二　『一つの花』の授業（光村図書　四学年　荻野授業）
――文学の読みのレベル・アップを図る

『一つの花』の荻野氏の授業は二〇一六年九月二七日（東京都久留米市立小山小学校）に行われました。四学年の児童は言語的思考と想像力を総発揮し、協同し合ってお父さんがゆみ子に一つの花を手渡すシーンを浮きぼりにしました。お父さんが一つの花に託した願い、食べ物の喜びから「一つの花」の喜びへ変わる有様を深く掘りさげて考えました。

1　どんな前時の想起が活発な授業を生みだすか

児童Nくんは、前時の想起で、テキストに書かれていない「戦場の撃ち合いの場面」を想像して、ゆみ子のお父さんのことを心配しました。

前時の感想の発表

教師6　じゃあ、ちょっと今日の所に行く前に、えーと、感想発表してくれる人。じゃ、Nくん発表してください。（教師6――教師の働きかけ）

N　やっと選ばれた。えっと、お父さんは、ゆみ子が泣いたら、お父さんはかわいそう。だって、戦争で、（お父さんが）ゆみ子のことを考えて、たとえば（敵の兵隊に）撃たれちゃったりしたときがあったらどうしよう。（お父さんの戦場でのことが心配）

教師7　ゆみ子のことを思ったお父さんの気持ちね。拍手。

Nは、「ゆみ子のことを思ったお父さんの気持ち」だけではなくて、「お父さんが撃たれちゃったりしたらどうしよう。」と、N自身が、戦場の場面を思い描き、お父さんを心配しているのです。戦場の撃ち合いの場面（テキストには書かれていないシーン）を想像し、ゆみ子のお父さんを心配しています。

荻野学級の児童は作品に書かれていない戦場の撃ち合いの場面にまで想像を広げています。この発話は本時の読み（別れの場面）を方向づけます。

2　子どもの多面的な読みを育てる

本時テキスト

お母さんが、ゆみ子を一生けんめいあやしているうちに、お父さんが、ぷいといなくなってしまいました。

お父さんは、プラットホームのはしっぽの、ごみすて場のような所に、わすれられたようにさいていたコスモスの花を見つけたのです。あわてて帰ってきたお父さんの手には、一輪のコスモスの花がありました。

「ゆみ。さあ、一つだけあげよう。一つだけのお花、大事にするんだよう――。」

ひとり読みの後に話し合いに入りました。お母さんの気持ち（①場面）について思いをめぐらしました。

授業の一コマ　（　）内は筆者の解説です。児童名は仮名です。

ＦＨ　思ったことで。お母さんが一生懸命あやしているところで、お母さんは、お父さんにゆみ子の泣き顔を見せたくなかったから、一生懸命あやしていたと思う。（別れの場面でお父さんを思いやるお母さんの心情）

教師　なるほど、お母さんの気持ち。じゃあ、今のところで他どうですか？　ＴＹ君。（以下、同様の指示は省略）

ＴＹ　①全部で。ゆみ子のお父さんは、最後、プラットホームのはしっぽで、一輪のコスモスをゆみ子のために、最期の思い出に、最後にコスモスをあげて、お父さんは、「大事にしてね。」（「一つだけのお花、大事にするんだよう――。」）の言葉を言って、お父さんは何も言わずに去っていった。お父さんは、優しいなと（思います）。

ＴＹ君の発話は、本時部分の単なる再生ではありません。これは、三つの側面から構成されています。

Ａ　読み手ＴＹ君の解釈

・「ゆみ子のために」（**読み手の解釈**）

・本時部分のテキストには「ゆみ子のために」とは語られていません。お父さんは「ゆみ子のために」に一輪のコスモスの花を手折ってきたと読み手が解釈したものです。

B　自分のことばで主体的に意味づける
・「最期の思い出に」（**主体的な意味づけ**）
・本文のテキストにはない表現です。ＴＹ君が、「最期の思い出に」と、主体的に意味づけたものです。
C　ＴＹ君のお父さんについての評価
・去っていった（テキストは「いってしまいました」です。（「内言＝自分の言葉」で語る）
・優しいな（**お父さんについての評価**）
児童の読みが授業展開のうえで重要だと判断したら、その内容を他の児童がわかるように黒板に書いて示します。それについてどう考えるか、話し合います。この話し合い（学習活動）が読みの内容をさらに豊かにします。このような授業の要所で、ことば（概念）で自覚を誘うことが多様な読みを生成します。

3　題名『一つの花』との関係づけは伏流水となる

ＫＴ君は、題名読みで、『一つの花』って、何の花だろうと疑問に感じました。この問題意識が、解き明かされる場面です。

授業の一コマ

ＫＴ　えっと、①場面のお母さんがゆみ子を一生懸命あやすところから、（お父さんがゆみ子に）コスモスの花をあげるところで、それが題名の『一つの花』なんだ。（C　同じです）お父さんがあげた「一つだけの花」。「ゆみ子、大事に育てるんだよ。」
教師　ここの渡すところのことかな。じゃあ、最初のお母さんのところから…お父さんの渡すところでどうですか。

「題名読み」の時、しっかり「一つの花」とは何の花だろうと児童が、自問・自答をしたあの時の問題意識が、読みの過程でこのＫＴ君のように生きて働いたのです。伏流水のように、児童の意識の中で潜伏し、この場面で顕在化しました。

４「一つの花」はお父さんの身代わりの花――象徴的な読みへレベル・アップ

授業の一コマ

ＫＴ君の発話（『一つの花』の題名と関連づけた発話）に続く授業場面です。

教師　はい、じゃあＫＨさん。

ＫＨ　お父さんは、一輪の花をあげたんじゃなくて、お父さんは戦争に行っちゃうから、ゆみ子に会えないから、お父さんの代わりの一輪の花をあげたんじゃないかな。

ＫＨは、単なる「一輪のコスモスの花」ではなくて、「お父さんの代わりの一輪の花」をお父さんは、ゆみ子にあげたと捉えました。簡単にまとめると、

「お父さん（の代わり）」＝「一輪の花」

すなわち、「お父さんの身代わり」として「一輪の花」をゆみ子に託す。「一輪の花」が、お父さんを象徴する。ＫＨさんの読みをまとめてみましょう。

①「お父さんは、戦争に行っちゃう。」という読みは、「戦争に行く日」「戦争に行くお父さん」という前の場面の表現と関連づけられている。

②「もうゆみ子に会えない。」

お父さんは戦場から帰ってこられないと想定している。

③「お父さんの代わりの一輪の花」をゆみ子にあげた。

（お父さんの身代わりの一輪のコスモスの花）

『一つの花』の読みにおいて、これは、「一つの花」をお父さんの身代わりの花として見ています。象徴的な読みのレベルに高まっていることがわかります。

5 コスモスの花の印象を引き出すチャンス到来

YAさんの問いは、コスモスの花のイメージを多彩に描くチャンスでした。

YA ①のところで、「ごみすて場のような所にわすれられたようにさいていたコスモスの花」のところで、ごみすて場のような所に咲いていると余計きれいだよね。コスモスの花言葉って何だったんだろう。

この授業場面は、コスモスの花の印象・イメージを引き出すチャンス到来でした。

コスモスには、ピンクとか黄色の種類があります。

「コスモスの花言葉」は乙女の真心、美麗など。

『一つの花』の作品世界では、コスモスの花は、戦後の「コスモスのトンネル」のシーンと結びつくイメージです。十年後の少女のゆみ子の成長と重なります。

お父さんは、それを見てにっこりわらうと、何も言わずに、汽車に乗って行ってしまいました。ゆみ子のにぎっている、一つの花を見つめながら――。

このお父さんの願いが込められた「一つの花」とコスモスの花でいっぱいに包まれているゆみ子の家、ゆみ子のお母さんとどう関連づけて読むか。重層的な読みをどう展開するか。これは、授業戦略（全体の指導計画）上、大事な問題です。

6　行間（作品の余白）を創造的にイメージする

『一つの花』は、「ごみすて場のような所にわすれられたようにさいていたコスモスの花を見つけた」お父さんの気持ちは書かれていません。

お父さんは、プラットホームのはしっぽの、ごみすて場のような所に、わすれられたようにさいていたコスモスの花を見つけたのです。あわてて帰ってきたお父さんの手には、一輪のコスモスの花がありました。

授業の一コマ

この場面のSS君の読みの「お父さんの気持ち」が興味深い。

教師　混じっちゃっている人もいる。じゃあ、まず①場面からいこう。

CK　①場面全体で、思ったことで、お父さんは、ゆみ子に元気になってもらうために、一輪のコスモスを手に取ったのか。

教師　なるほど。じゃあ、SS君。

SS　①場面の「ごみすて場のような所にわすれられたようにさいていたコスモスの花を見つけたのです。」の所で、お父さんの気持ちで、「あ、花だ。大事に持っていこう。ゆみ子もこれで泣き止むかな。泣き止んだらいいな。最後に笑顔が見れたらいいな。」

教師　ここ、見つけた時のお父さんの気持ちだ。ここ他の人はどうかな?

コスモスを手折るお父さんの心情は、語られていませんが、これは、この児童の独創的なイメージです。「お父さん、お母さん、ゆみ子の気持ちを書いていきましょう。」（読みの方向づけをする）という教師の働きかけがこのような「創造的なイメージ」を生みだすのでしょう。

7　自分の分身を作品世界に移して想像する

「ゆみ子に会えるのは最後かもしれない」というお父さんの気持ちを、多くの児童が深く感じていました。

教師　②のほうにも重なってきているね。②のほうにいってもいいですよ。

ＳＤ　ほとんど②だけど、「ゆみ。さあ一つだけあげよう。一つだけのお花。大事にするんだよう――。」っていう所で、僕がコスモスをもらったら、めっちゃ大事にする。（**自分の分身を作品世界に移して想像する**）

Ｃ　似てる。

ＫＵ　②場面の全部の所で、「本当はもっとゆみ子と一緒にいたい。けれども、ゆみ子と会えるのは最後かもしれない。今あげた一つの花、大事にしてね。ゆみ子、バイバイ。」（**お父さんの心のつぶやきをくわしく話しかえる**）

この児童は、お父さんが、「ゆみ子と会えるのは最後かもしれない。」とみています。体の弱いお父さんまで兵隊に招集されたという状況の認識からそう想定したのでしょう。お父さんの「今あげた一つの花、大事にしてね。」という願いをしっかり受け止めています。

荻野学級の児童たちは、作品の世界に「自分の意識」を移し、お父さんに寄りそって考えます。これは、「同化」という文学の体験と言えます。これは、「異化」（読者の視点から作品を対象化して捉える意識の働き）と相互作用しています。

8　本当の「一つだけの喜び」とは何だろうか

荻野授業の記録に沿って授業分析を試みてきました。本時部分では、「本当の一つの喜び」って何かをめぐって興味深い言語的思考が展開されました。

荻野授業の一コマ（第6時）

NM　「さあ一つだけあげよう。一つだけのお花。大事にするんだよう――」っていう所で、思ったことで、ゆみ子に本当の一つだけの喜びをお父さんは渡したかったから、コスモスを渡したんじゃないの？

教師　あー、NMさんが言ったこと分かった？　NMさんが、何をあげたいって言ってた？

C　「本当の一つだけの喜び」

教師　「本当の一つの喜び」って、NMさんは何だと思う？

C　「本当の一つの喜び」？　花をもらって嬉しいこと？

C　それ喜びじゃないよ。はい、わかった。

NM　喜びで、数えれない（数えられない）こととか？

C　数えれないことなんて。忘れられない…（意味不明）

教師　先生、ここちょっと考えてみたいんだけど。NMさんの言っている、「本当の一つだけの喜び、あげたかったんじゃないの」って、どんな喜びをあげたかったの？　難しいかもしれないけど、ちょっと考えてみて。10秒、頭の中で。

YS　ゆみ子はおにぎりだけじゃなくて、「一つ…」でも嬉しく感じるから、それは、あのー（違う感じ？）。「コスモス」でも嬉しい感じ。お父さんとゆみ子の絆でもある。

教師　お父さんとゆみ子の？

C　きずな。（心の眼にみえるもの）

教師　あー、なるほど、他の人はどう？

OM　ゆみ子の喜びは食べ物だったけど、お父さんは「食べ物じゃない喜び」を渡して、それでゆみ子に「花が喜び」（になった）。

KY　あー、そういう系ね。（「食べ物系」とかでなく「花の系」の意）②では、食べ物だったけど、お父さんは食べ物以外のゆみ子が幸せって感じられるような効果（?・）を探してやっと見つけられた。

OM　そう（同意する）。

教師　あー、今までゆみ子は「一つだけちょうだい。」っ

て（言って）、

ＯＭ　それは食べ物だったけど、（食べ物の喜びから食べ物ではない喜び＝花の喜びへ変化）

教師　なるほど。

Ｃ　そういうことね（「食べ物の喜び」から「花の喜び」＝「一つの花の喜び」へ転換）

教師　Ｎ君と、ＫＹさんで、ここ最後にします。

Ｎ　ＯＭさんと似ているんですけど、ゆみ子はずっと食べ物が欲しい、食べ物が欲しいって言ってきたんですけど、一つだけでも、「お父さんの代わり」って言っていたんですけど。「お父さんの代わり」のやつだから、お父さんがいるじゃんっていうことを覚えておけば、例えばお父さんが死んじゃっても、お父さんがいるんだっていうこと忘れない方が…、それが「喜び、幸せ。」

教師　ここども繋がってくるね。

ＫＹ　ほとんどＯＭさんの言ったことと似ているんですけど。いつもゆみ子は、食べ物のことを心配。「一つだけちょうだい」って言ってて、でも、本当は、食べ物の他には余計なことだから、戦争だから（食べ物でないコスモスの花は普通の人は）大事にしないけど。お父さんは、（ゆみ子には）「一つの花」があるから大丈夫だよって。

教師　みんなでここにお父さんが言いたかったことを考えたね。じゃあこの後のことでどうですか？

Ｃ　後じゃない。先生、①と②が混じっているけど…

Ｃ　そうそう！それそれ！

ＯＨ　①と②のお父さんの「プラットホームのはしっぽの～大事にするんだよう…。」の所で、お父さん、ゆみ子に「一輪の花」をあげるって優しい人だね。その時、ゆみ子はどう思ったんだろう。予想。その後に、「お父さんに花をもらうと、キャッキャッと、足をばたつかせてよろこびました」って書いてあるから、ゆみ子は心の中で「お父ちゃんありがとう」ってすごく喜んでいると思う。ぼくもしてもらったら嬉しい。だけど、もう10歳だから無理だと思う。

児童の発話は多面的です。整理して列挙します。

○「お父さんの喜び、あげたかったんじゃないの?」（お父さんの思っている「喜び」）

○お父さんはゆみ子に「食べ物じゃない喜び」をあげたかった。（お父さんがあげたかった喜び）

○お父さんは「（ゆみ子には）『一つの花』があるから大丈夫だよ」って（ゆみ子への思い）

○お父さん、ゆみ子に「一輪の花」をあげるって優しい人だね（お父さんの人物像）

○ゆみ子は心の中で「お父ちゃんありがとう」ってすごく喜んでいる（ゆみ子の喜び）

○「コスモス」でも嬉しい感じ、お父さんとゆみ子の絆でもある。

お父さんがゆみ子にあげたかった喜びとは何かを、この授業で問題として考え合いました。この場面でおにぎりという食べ物から、「花の喜び」（「一つの花」の喜び）に転換します。これは、この作品のテーマに迫る読みです。教師の働きかけ（指導計画に基づく）によって児童は、協同で言語的思考を展開しました。

・「食べ物の喜び」から「コスモスの花を喜ぶ」に（変化）

・さらに「一つの花の喜び」へ（昇華）

このように抽象レベルをアップしていきました。言語による操作によって、抽象のレベルを上げていくことができたのです。

9 『一つの花』の読みの授業で「十歳の壁」をどう越えるか

荻野授業で筆者が、注目する問題がもう一つあります。それは、「十歳の壁（九歳の壁）」を越えていく実態が観察されていることです。「十歳の壁」とは何でしょう。「抽象的な思考の壁」を乗り越えるということです。例を挙げましょう。『一つの花』の表現です。

a　ゆみ子の「一つだけ。一つだけ。」（おにぎりを意味する「一つだけ」）

b　「お父さんの手には、一輪のコスモスの花がありました。」

c　「ゆみ。さあ、一つだけあげよう。一つだけのお花、大事にするんだよう――。」

d　「ゆみ子のにぎっている、一つの花をみつめながら――。」

「一輪のコスモスの花」は、色は限定されていませんが、より具象的です。「一つだけのお花」は、ゆみ子の「一つだけ」ということばに意味づけられた言葉です。これは、「一つの花」と関連づけられ、更に題名『一つの花』とも深く関係性を持たされています。『一つの花』の世界の中で意味づけられた言葉です。

「一輪のコスモスの花」→「一つだけのお花」→「一つの花」→『一つの花』

このように抽象化のプロセス（関係づけ）を辿るという知的行為が、言語を媒介とした思考、抽象度の高い思考なのです。

この「抽象化のプロセス（関係づけ）」をするという知的行為が、十歳の壁を越えると呼ばれている言語的思考なのです。これは、一朝一夕に乗り越えることができるものではありません。学習仲間との言語的思考の交流の積み重ねによって乗り越えることができるようになります。荻野授業の児童たちのように協同の読みを創りあげていく過程は、まさにその姿を見せてくれています。『一つの花』の読みは、お父さんやゆみ子の戦争中の生き方、人としてのあり方を学ぶことであり、十歳の壁を越えるという知的行為ができるようになるということでもあります。

10 文学の読みの発達のキー・ポイント

荻野授業では、「一輪のコスモスの花」が、お父さんの代わりをすると捉えました。これは象徴的な読みです。このような象徴的な読みを発達させていくにはどうすればいいでしょうか。この問題は、読み手自身の「象徴的な読み」の自覚に関わることです。お父さんがゆみ子に「一輪のコスモスの花」を手渡した。荻野授業では、このコスモスの花を「お父さんの身代わりの花」として意味づけました。このような意味づけしていく過程を読み手自身が、自覚するかどうか、これが鍵です。自覚するとはどういうことでしょうか。

○お父さんは、「ゆみ。さあ、一つだけあげよう。一つだけのお花、大事にするんだよう――。」と言って手渡した。(お父さんの願い　↓↑　一輪のコスモスの花を関連づける)

(すなわち)「一つだけのお花」(一輪のコスモスの花)にお父さんのゆみ子への思いが込められている。

(言いかえれば)このコスモスの花は、「お父さんの身代わりの花」だ(象徴化する)。

このようにコスモスの花を意識にのせ、お父さんの身代わりとして象徴化する。すなわち、象徴的な読みとして自覚する。

自覚するとは、「これはこういうことなんだ。こう考えるんだ。」と、抽象化したり、自分のことばで一般化したりすることです。文学の読みにおいて抽象的思考や象徴的思考を働かせることによって象徴的な読みが随意にできるようになっていきます。このように文学の読みにおいて「自覚と随意」をどう育てていくか、これは文学の読みの発達課題です。

Ⅵ　五学年『大造じいさんとガン』
（学図5、光村5、教出5、東書5）

一　『大造じいさんとガン』をどう読むか

1　「大造じいさん」と「奇襲作戦」
2　半世紀も愛読されつづける秘密
3　教科書のテキスト・三種について
4　「ウナギつりばり」の真相

二　教材化のポイント

1　大造じいさんの行動とその目・心がとらえた残雪
2　展開の内的関連を押さえて読む
3　大造じいさんの目がとらえた情景と心情との響き合いを押さえる
4　場面の情景を思いえがきながら音読・表現読みをする

三　全体の指導計画

1　全体の指導目標
2　全体の指導計画

四　『大造じいさんとガン』のノート指導

1　文章の不思議さ・面白さに目を開いていく読み
2　なぜ読みの緊張感を生み出すか
3　ヴィゴツキーの「自覚」論と「ノート指導」
4　子どもの「最近接発達の領域」（発達の最近接領域）に働きかける

一　『大造じいさんとガン』をどう読むか

１「大造じいさん」と「奇襲作戦」

椋鳩十は一九四一年、『少年倶楽部』（十一月号）に『大造じいさんとガン』を発表しました。日本は『大造じいさんとガン』の発表の翌月・十二月八日、宣戦布告をする前にハワイの真珠湾を爆撃しました。日本海軍は、アメリカの太平洋艦隊に奇襲攻撃をしかけたのです。この爆撃で多くのアメリカの軍人や市民が命を落としました。日本軍の攻撃で爆沈したアリゾナ戦艦は、いまだに真珠湾に横たわり、千百七十七名の兵士がその中に眠っています。それは「戦時国際法」に違反した奇襲作戦でした。アメリカ国民は、日本の奇襲爆撃は卑怯なやり方であり、卑劣であるとして反撃を開始しました。太平洋戦争の始まりです。

「ひきょうなやり方」ということばで思いだされます。残雪によびかけた大造じいさんのあの言葉です。

「おうい、ガンの英ゆうよ。おまえみたいなえらぶつをおれは、ひきょうなやり方でやっつけたかあないぞ。なあ、おい。今年の冬も、仲間を連れて沼地にやって来いよ。そうして、おれたちは、また堂々と戦おうじゃあないか。」

日本海軍の戦時国際法に背いたやり方と「ひきょうなやり方でやっつけたかあないぞ。」という大造じいさんのフェア精神とを対比してみると考えさせられるものがあります。はっきり言えることは、この作品には当時の政府の戦意高揚に迎合する姿勢は見られないということです。

政府や軍部は戦時、言論・出版の統制を図り、国民精神に動員をかけていました。文芸作品の多くが発禁処分を受ける中でこの作品は出版されました。

椋鳩十は当時を振り返って語っています。

「日本中が硝煙の臭いで興奮の絶頂におし上げられて行く、昭和十六年になって、私の決心がついた。私は私なりに生命の貴さをほのめかして、私の扱う動物の主人公は決して殺さない物語、愛情ひとすじにつながる動物物語、そしてまた物の見方が片寄らぬ、立体的な解釈をして早急な結論を下さぬ私の目でながめた習性を織りまぜた動物物語、そんな物を書いてみようと思った。殺リャクということが当然であり、名誉であると考えられた時、意気地のない、おく病者の私に取って、これでもあれが、私の精一杯の叫び声であった。…

もうあれから十年にもなるが、こんな気持ちで書き続けて来た。私の動物物語など、昭和二十八年の現代では、時代おくれであり、無意義なものであるかも知れない。」(『椋鳩十の本』第24巻　文学論163頁)

椋鳩十は、「私の動物物語など、昭和二十八年の現代では、時代おくれであり、無意義なものであるかも知れない。」と言いましたが、どうしてどうして。『大造じいさんとガン』も半世紀にもわたって読まれてきました。

註―授業は、『大造じいさんとガン』(光村図書)をテキストにして行われました。ここではそれに準拠しています。本書では動植物名の表記は、原則として片仮名表記)

2　半世紀も愛読されつづける秘密

椋鳩十文学の魅力は何なのでしょうか。戦時の椋鳩十の作品で描かれたものを見てみましょう。

『栗野岳の主』は、栗野岳（『大造じいさんとガン』の舞台）の原始林が舞台です。主は大きな雄のイノシシです。

「たしかに、ふつうのイノシシの倍以上はありました。大きなきばに、月光をうけて、ゆったりと歩くそのすがたには、威厳とでもいうようなものがそなわっていました。」

人間の姿と重ねた見方、擬人化の手法で堂々とした雄のイノシシを描いています。「栗野岳の主」という呼び方は、『大造じいさんとガン』の「このぬま地に集まるガンの頭領らしい、なかなかりこうなやつ」という表現とも共通するものがあります。読み手にぱっとその動物の姿がイメージ（表象）として浮かび上がる巧みな表現です。それに風景描写と心情の響き合いが絶妙なのです。

「空には、きよらかな秋の月が出ていました。月はその光を、老いたイノシシのところまで送り、王冠の金のかざりのように、そのきばの上で、美しくかがやくのでありました。」（『栗野岳の主』）

十五匹の犬どもをふりきり、猟銃を構える猟師にまっしぐらにぶつかっていき、家族を危機から救った栗野岳の主を語り手は清らかな月光でたたえています。ガン残雪や栗野岳の主を見つめるまなざしが温かいのです。動物としての本能だけでなく、仲間を命がけで守る残雪の行動や家族を必死に守る老いたイノシシの姿が印象的です。

椋鳩十は自然に生きる動物の本能的な行動、知恵、仲間や家族を守る感動的な姿を描きました。市民の命を無差別に爆弾で奪う戦の中にあって、大自然の中で生きることの知恵と厳しさ、動物の子育ての心温まる姿や仲間を助ける行動、命の尊さを歌い上げました。これらのテーマは時代を超えて多くの読者の胸を打ちます。椋文学の愛読されつづける秘密の一つです。それと景と情の響き合った巧みな表現も特筆に値します。

3　教科書のテキスト・三種について

学校図書は、昭和三十四年（一九五九年）の教科書に初めて『大造じいさんとがん』を採録しました。学校図書の採録から約半世紀にわたって日本の子どもたちに読まれたり学ばれたりしてきた作品です。

現在教科書に採用されているテキストは三種です。

①「まえがき」があって敬体の文章
（『大造じいさんとガン』　光村図書）

②「まえがき」がなくて敬体の文章
（『大造じいさんとがん』　東京書籍）
「まえがき」がなくて敬体の文章（章立てがない）
（『大造じいさんとがん』　学校図書）

③「まえがき」がなくて常体の文章
（『大造じいさんとがん』　教育出版）

どのテキストを採用するかは指導者の指導観にかかっています。それぞれ一長一短あります。

Ａ　「まえがき」のあるなし

わたし（椋鳩十）が山家のろばたで七十二歳の大造じいさんから、三十五、六年も前のガンがりの話を聞いたという設定です。「まえがき」から、この話は大造じいさんが三十五、六歳の話だろうと推測されます。すると壮年の狩人なのに物語の中で「大造じいさん」とあるのはどうしてかという違和感を覚える子もいます。私は「まえがき」はなくてもさしつかえないと考えます。

Ｂ　常体と敬体のテキスト

ガンがりの話を物語る文体は「です。ます」の敬体がふさわしい。子どもたちも「です。ます」体に慣れて読みやすいと考えられます。

教育出版の『大造じいさんとがん』は、まえがきがないので、読み手は虚構の世界にすっと入れます。常体の歯切れよさ、醸し出す雰囲気を味わわせることも高学年になると視野に入れていいのではないでしょうか。

Ｃ　章立てのあるなし

学校図書の『大造じいさんとがん』は「まえがき」がありません。それに「1・2・3・4」と章を立てず、行間を一行空けています。この作品の構成を捉える指導をする場合は、章立てのあるテキストが便利だろうと思います。

４　「ウナギつりばり」の真相――タニシはガンの食べ物か

大造じいさんはタニシをつけたウナギつりばりをたたみ糸で結び付けておきました。一晩じゅうかかって、たくさんのウナギつりばりをしかけておきました。翌日一羽だけ生きているガンが手に入りました。ところで、ガンはタニシを餌として食するのでしょうか。

上野動物園動物解説員をしておられた今泉忠明氏はガンの食べ物についてこう書いています。

「大造じいさんは残雪を捕らえるためにタニシを糸で結び、ガンを釣ろうとしますが、ガンの主食は植物質で、ハクチョウやカモのようにはタニシを食べませんから、ガンをおびき寄せるのはとても難しかったと思います。」（椋　鳩十動物童話集第六巻　大造じいさんとガン１０４頁）

今泉氏はガンをタニシでおびき寄せることが困難であったことを指摘しています。野生のガンの生態について熟知していたであろう狩人ならば、タニシのウナギつりばり計略は考えないでしょう。『大造じいさんとガン』はフィクションであり、語り手の擬人化した目でとらえられたガン残雪の物語です。わたしはガンの食生活の実態にそぐわない計略だからといってこの作品をだめだというのではありません。が、読み手である子どもがリアルにガンの生態を認識していくうえでは問題が起きると思います。こういったことを配慮した注釈を添えることを教科書会社に望みます。

二　教材化のポイント

１　大造じいさんの行動とその目・心がとらえた残雪

この作品で何を読み取るか。松山市蔵はこう述べました。

「大造じいさんの行動と心情―これにこそ意味があるのです。残雪の行動を本能と知りながら、本能的行動ときめつけないで、人間にひきうつして、感動をもって対していること。このことが人間の人間らしさを表しているというものです。」（『国語の授業』21号82頁）

松山市蔵の「本能的行動ときめつけないで感動をもって対している」ということには賛成です。

私は大造じいさんのガン残雪への見方の深まりと大造じいさんの目と心が捉えた残雪の姿も大事な読みの内容となると考えます。

２　展開の内的関連を押さえて読む

この物語の展開のポイントを確かに押さえて読みます。

① ガンを手に入れたいと思う大造じいさんの動機

・「一羽のガンも手に入れることができなくなったので、いまいましく思って…」――いまいましく思

う心（動機）

②　ウナギつりばり計略の成果（一羽のガンを手に入れた）

・「たかが鳥のことだ、一晩たてば、またわすれて…」――一羽のガンを手にいれたことと見くびった見方

③　二度目のウナギつりばり計略の失敗と見方の深まり

・「あの小さい頭の中にたいしたちえを持っているものだなということを、今さらのように感じた…」

④　おとりのガン計略の中で突然現れたハヤブサのおとりへの攻撃と仲間のガンを救う残雪の戦い

⑤　残雪の戦う姿を見て大造じいさんが銃を下ろした行為（その動機を推理する）

・残雪の頭領らしい堂々たる態度に強く心を打たれた大造じいさんの感動と残雪への対し方

⑥　ガンの英雄・残雪とまた堂々と戦いたいという思い

大造じいさんのガン残雪への見方の深まりと彼の心に映しだされた残雪の英雄としての姿を読み取る。

3　大造じいさんの目がとらえた情景と心情との響き合いを押さえる（表現の特徴）

表現の特徴としては次の点を押さえます。

①　大造じいさんのつぶやきと空の情景との響きあい

「さあ、いよいよ戦闘開始だ。」（大造じいさんのつぶやき）

「東の空が真っ赤に燃えて、朝が来ました。」（空の情景）

②　ガンの本能的行動と語り手の推理を踏まえて読む

「これも、あの残雪が、仲間を指導してやったにちがいありません。」（語り手の視点から推理）
「かれの本能は、そう感じたらしいのです。」

４　場面の情景を思いえがきながら音読・表現読みをする

優れた表現を音読・表現読みを通して味わう。（主な学習活動）

三　全体の指導計画──『大造じいさんとガン』光村図書

1　全体の指導目標

○大造じいさんのガンを手に入れようとする行動（計略）とガンの英雄と堂々と戦いたいという心情を読み取る。
○大造じいさんのガンへの見方の深まりと大造じいさんの目が捉えたガンの英雄・残雪の姿を読み取る。
○情景と大造じいさんの心情との響き合いを音読・表現読みを通して味わう。

2　全体の指導計画（十時間）

1時間（「まえがき」）
○大造じいさんの三十五、六年前の栗野岳のガンがりの話
（1　今年も、残雪は、…いまいましく思っていました。）
○ガンを手に入れたいと思う狩人大造じいさんと人間を寄せ付けないガンの頭領残雪との関係を読み取る。
2時間（そこで、残雪がやって来たと知ると…もっとたくさんのつりばりをばらまいておきました）

○大造じいさんのウナギつりばり作戦の成果とじいさんの見くびった鳥への見方を読み取る。
３時間（そのよく日、昨日と同じ時こくに…今さらのように感じたのでありました）
○つりばりにかからなかったのはあの残雪が指導したにちがいないと感心する大造じいさんの気持ちを読み取る。
４時間（２　そのよく年も、残雪は…ほおがびりびりするほど引きしまるのでした）
○沼地にやってくるガンの群れの中に猟銃をぶちこんで目にものを見せてくれるぞと緊張して待つ大造じいさんの様子と気持ちを読み取る。
５時間（ところが、残雪は、…うなってしまいました。）
○タニシ・小屋がけ作戦の失敗と残雪の鳥としての本能を改めて思いしらされた大造じいさんの見方の深まり。
６時間（３　今年もまた、ぼつぼつ例のぬま地に…真一文字に横切ってやって来ました）
○大造じいさんのおとりのガンを使う作戦と離れた地点を餌場にしている残雪の群れの様子を読み取る。
７時間（やがて、えさ場に下りると…ガンの体はななめにかたむきました）
○ハヤブサのおとりのガンへの襲撃の様子と群れを率いて飛びさる残雪の導き方を読み取る。
８時間（もう一けりと、ハヤブサがこうげきのしせいを…ただの鳥に対しているような気がしませんでした）
○仲間を救うためハヤブサに向かっていく残雪の戦う姿や頭領らしい堂々たる態度に強く心を打たれた大造じいさんの感動を読み取る。

9時間・10時間

（4　残雪は、大造じいさんのおりの中で…いつまでも、見守っていました）

○残雪が春の朝、力強く飛び立っていった姿を思い描く。

○初めはたかが鳥のことだと甘く見ていたが、ハヤブサとの戦いぶり、頭領らしい態度に心を打たれ、また堂々と戦いたいという大造じいさんの思いを読み取る。

・意見・感想文を書いて話し合う。

【参考文献】『椋鳩十の本』第24巻　文学論　太陽の匂い

「国語の授業」21号　松山市造論文

『「大造じいさんとガン」の〈解釈〉と〈分析〉』鶴田清司

四　『大造じいさんとガン』のノート指導

――深い読みを生み出すノートの工夫

1　文章の不思議さ・面白さに目を開いていく読み

現場の教師からこんな声を聞きます。

「言語活動ばっかりで、あれで教材の読みが深まるのだろうか。」

「言語活動中心の授業」では、教材文（叙述）に学習者の目をしっかり向けようとする姿勢に欠けると指摘する教師もいます。

一読総合法の読みの授業では、教材の表現に学習者の目をしっかり向けます。文章表現をしっかり押さえて自分の読みの反応を書きこみます。例として丹野氏の『大造じいさんとガン』の授業・実践（丹野学級）を取り上げます。

「**これも、あの残雪が、仲間を指導してやったにちがいありません。**」

の表現をめぐっての授業の展開です。

「『「ううむ。」　大造じいさんは、思わず、感たんの声をもらしてしまいました。』のところで、大造じいさんの気持ち（くわしい話しかえ）を言います。」と、児童は、まず表現を押さえて、「はぁ。どうして昨日は上手くいったのに今日は一羽もとれなかったんだ。ガンは頭がいいなぁ。でも、次のわなをがんばって作らなければ！」と発話しました。「これも、あの残雪が、仲間を指導してやったにちがいありません。」、この一文の「ちがいありません」に読み手は注意を向けました。「（残雪が）仲間を指導してやったかどうか。本当はわかりません」と指摘しました。

この発話をもとにして語り手が大造じいさんの目で語っていること、「ちがいありません」とあるから、決めつけてはいない書き方であることを丹野学級の児童は、明らかにしていきました。一読総合法の授業では、このように一語一句、一文をていねいに押さえ、内容を深めていきます。

「せっかく作ったわな、自信作だったのに！　昨日はとれたからって調子にのってしまった。ガンはりこうではない鳥なのに、なぜ残雪は頭がいいのかな？　作戦を練りなおして次こそもっとたくさん取るぞ……」（大造じいさんになってのつぶやき）

児童は、大造じいさんに同化し、ガンとり作戦の練り直しを考え始めます。心をひきしめ、緊張感のある読みを展開します。

府川源一郎氏の『国語の授業』（NO259号）での重要な指摘です。

「学習者自身が『読む』という行為の中で、文章の不思議さ・面白さに目を開いていく喜びの体験を伴わない限り、『読むこと』の授業は成立しない。言い換えれば、そこに読み手とテキストとの間に『主体的』な緊張関係が生まれることがきわめて重要なのだ。その点で、現今流行の活動中心の読みの授業がテキストの表現そのものへの着目を弱めているように見えることは大きな問題であろう。」

テキストに目を向け、「文章の不思議さ・面白さに目を開いていく喜びの体験」は、主体的な読みの土台であり、文学の読みの成立に欠かすことはできません。

2　なぜ読みの緊張感を生み出すか――そのノート指導法

丹野学級の児童が、どうして緊張感のある読み（『大造じいさんとガン』）を生みだしたのでしょうか。その秘密の一つに丹野氏の「読みの深まりがわかるノート指導」が上げられます。丹野氏は、読みの授業で次のような取り組みをしたことを報告しています。

「2学期の『大造じいさんとガン』」から始めた取り組みである。1時間の学習でノート見開きを使用する。右ページには、ひとり読みで書き出したことを書き、見開きの中央辺りに話し合いで出た友達の意見に対しての自分の意見（納得、共感、異論、反論、疑問）を書く。左ページには、話し合いの内容と1時間の授業のまとめ（話しかえや小見出しづけ、感想、意見出し）を、一人一人が自由な形式でまとめる。見開き1ページで1時間の自分の思考過程、読みの深まりを確かめることができる。読みの過程は「個↓個人間↓全体↓個」という流れになる。一人一人が読んだことを生かし、友達の意見と比較したり、話し合いで話題になっていることを整理しながらまとめたりして、最後に個人で改めて1時間の読みを振り返る。この思考作業をノートに、しかも右から左へと流れるようにまとまっていることで、自分で自分の読みの深まりが理解できる。」

一読総合法の授業で読みを深めるにはどのような指導をしたらいいかが、研究課題です。丹野氏の指導はまさにこの課題に応えるものであると考えます。丹野実践の流れを整理してみます。

（1）ひとり読みで書き出したことを右ページに書く。

・本文を読み、大事だと考えた文章表現に注目する。（大事な表現を押さえる）

・自分の読みの反応（思ったこと、考えたこと、疑問など）を自分の言葉（内言）で書き表す。（「読みの思考　↓↑　内言」を「書き言葉」で書き表す。（自分と他者に理解される言語表現で）

（2）話し合いで出された友達の意見に対しての自分の意見（納得、共感、異論、反論、疑問）を見開きの中央に書く（自分の読みの確かめ）

・他者の読みに賛成か反対かを検討し、自己の読みを見直し確かめる。

・異論がある場合はその根拠を挙げる。

・他者の読み・意見に触発・刺激され、自分の読み深めを行う。

（3）左ページに話し合いの内容と1時間の授業のまとめ（話しかえや小見出しづけ、感想、意見出し）を、一人一人が自由な形式でまとめる（学習内容の整理・まとめ＝分析　↓↑　総合）

（4）最後に個人で改めて1時間の読み（自己　↓↑　学習仲間）を振り返る。（自分の読みの自覚化・構成化を図る）

『大造じいさんとガン』ノート

氏名

A　疑問・わかったこと・考えたことなど

（表現――根きょを書く）

Ｂ　話し合い（友だちの読み　⇅　自分の読み・考え）
○項目（例）・残雪について

Ｃ　学習のまとめ・意見・感想など

自分の読みを対象化して見るということ、学習仲間の読みと比較して相対化して掴み直すという知的作業は、高次な思考を要求します。このようなノート作業を媒介にしてこそ自分の読みの足りない部分、読みの浅い箇所、読み誤りなどが見えてくるわけです。このような「ノートによる読みの思考過程」は、「読みの自覚化」を図る過程と言えます。

３　ヴィゴツキーの「自覚」論と「ノート指導」

ヴィゴツキーは、「自覚」について、「ふろしき包み」を結ぶことを例にして説明しています。

「私が、ふろしき包みを結ぶ。私はそれを意識的に行う。しかし、私がそれをどのようにしたのかを話すことはできない。私のこの意識的行動は、無自覚的である。なぜなら、私の注意は、結ぶという行為そのものには向けられているが、私がそれをどのようにするかには向けられていない。意識は、常に現実のどこかの部分を表象する。結び目を結ぶということ、結び目およびそこに生じていることは、私の意識の対象である。だが、私が結ぶ場合に行う動作、私がそれをどのように行うかということは、私の意識の対象ではない。しかし、それらはまさに意識の対象となることができる。―そのときには、それは自覚されるのである。自覚は、意識の行為である。」（『思考と言語』２６５頁）

読みの授業で、「読みの自覚」（一般化）をどう図るか。丹野実践の「読みのノート指導」は、「読みの自覚」を図ります。自分の読みを「意識の対象」としているからです。自己の読みは、他者の読みとの違いを比べることによって、読みの浅いところや自分の読みの特徴をとらえることができます。そうして自分の読みの癖を意識し、改善点（一般化してとらえたもの）を自覚していきます。これがヴィゴツキーのいう「自覚」なのです。

もう一つ「ノート指導」で注目すべきことがあります。それは、このノート指導が読みの発達において重要な意味をもっているからです。ヴィゴツキーが指摘していることに、そのヒントがあります。

4 子どもの「最近接発達の領域」[註1]（発達の最近接領域）に働きかける

なぜ、私がヴィゴツキーの精神発達論に依拠して文学の読みの発達論を展開するか。大きな理由は、ヴィゴツキーの「教授・学習」論に目を開かされたからです。この理論は、教師主導の「教え込み学習論」ではありません。学習者を主体にした、学習者自身による学習理論です。学習とは、学習主体が内面において自分の言葉（内言）と思考を働かせ、構成していく過程であるとしています。指導者は常に子どもの現下の発達水準に目を向けなければなりません。

「子どもの時代の教授は、発達を先廻りし、自分の後に発達を従える教授のみが正しい。しかし、子どもの教授は、子どもがすでに学習できることについてのみ可能である。教授は、模倣が可能なところでのみ可能である。つまり教授は、すでに経過した発達サイクル、教授の下限に目を向けなければならない。しかし、教授は成熟した機能よりも、むしろ成熟しつつある機能を根拠とする。教授は、つねに子どもにまだ成熟していないものからはじめられる。教授の可能性は、子どもの発達の最近接領域（最近接発達の領域）によって決定される。」（『思考と言語』３０２頁）

ヴィゴツキーは、「成熟中の段階にある過程を、子どもの発達の最近接領域」（最近接発達の領域）ととらえ、この発達領域に教授・学習は働きかけることが適切であることを提唱しました。

丹野実践（ノート指導）では、子ども一人ひとりが、「自己の思考　↓↑　言葉」を駆使して学び合っています。それの成果がこのノートの言葉です。このノートの内容は、子ども一人ひとりが、自己の発達領域に働きかけている姿なのです。

註１　「発達の最近接領域」は、柴田義松氏の訳語である。中村和夫氏は、原文通りの「最近接発達の領域」（『ヴィゴツキー心理学』新読書社）を使われている（171頁の註2も参照）。

Ⅶ　六学年『やまなし』（光村図書）

一　作品について

二　教師の読み

1　題名『やまなし』の意味するものは何か

2　谷川は生と死のせめぎ合いの世界か

3　「やまなし」は豊穣のシンボル

4　二枚の幻灯が構成する統一的世界

5　歴史の流れの中の『やまなし』

三　教材化にあたって（教材化の視点）

1　題名『やまなし』に込められた書き手の発想を追求する

2　二枚の幻灯を対比しつつも統一する視点

3　比喩表現を味わい感性を磨く

四　全体の指導計画

1　全体の指導目標

2　全体の指導計画

五　最後の立ちどまり（終結）までの授業

六　『やまなし』——最後の場面——関授業記録

一　作品について

『やまなし』は一九二三年（大正一二年）四月八日付「岩手毎日新聞」に発表されました。同年四月一五日付の新聞に『氷河鼠の毛皮』も掲載されました。賢治二七歳になる年のことです。

教科書教材としては、一九七一年度（昭和四六年度）から教科書（光村図書　六年）教材として採用されました。現在の教材『やまなし』の原典は、『校本宮澤賢治全集』十一巻（筑摩書房）所収のものに拠っています。

二　教師の読み（教材分析）

1　題名『やまなし』の意味するものは何か

題名から、山に自生する「やまなし」の花の美しさか、秋の実りをうたったものかと予想されます。小さな谷川の底を写した、二枚の青い幻灯です。

谷を流れる渓流の底を写した青い幻灯。透明な水の流れ、水底の世界、やまなしなどのイメージが浮かびます。語り手はどんな青い幻灯を写しだすのか。こんな期待が湧いてきます。

一枚目は五月の幻灯です。五月は、光が溢れます。若葉の薫り。水中の生命も躍動します。五月の谷川をどのような視点からとらえるのか。題名『やまなし』の意味するものは何か。こんな問題意識が喚起されます。

2　谷川は生と死のせめぎ合いの世界か

二匹のかにの子どもらが、青白い水の底で話しています。語り手は谷川の水底のかにの子どもの視点に重なり、水底のアングルから谷川の世界を写しだします。

「それなら、なぜ殺された。」

かにの子の鋭い問いに読み手は、はっとします。青く暗くはがねのように見える水の中で、銀色の腹をひるがえして、一匹の魚がクラムボンを捕らえたのです。静寂な渓流の世界での生と死。その「生死」は、裏腹に存在していて、生は死の上に営まれているかのようです。かにの子どもらは、他者の生命を犠牲にして生きるせめぎ合いを目撃して、「なぜ、殺された。」と自問。これは読み手につきつけられた問いでもあります。この核心をついた問いは、二枚の幻灯が単なる谷川の世界を写しだすものではなくて、谷川の世界の実相は何かと問おうとするものであることを読者は、直観します。クラムボンとか、かにの兄弟の会話文の話主がところどころ明示されない書きぶりにも、細部にこだわることなく現象の奥深くにまで心の目を向けさせようとする語り手（書き手）の発想を見てとることができます。弱肉強食、生と死の相克の青黒い谷川の世界を描きだしているかのようにも見えますが、そうでもなさそうです。クラムボンが魚に殺された直後、日光の黄金が夢のように燦然と天井から降ってきて、明るい谷川のイメージになります。まるでクラムボンの死などなかったかのような、書きぶりです。生と死の織りなす世界を明るく描くこの発想は何なのでしょう。

魚は、かにの子どもの視界から天井の不可思議な世界に消えていきます。かにの父親は、お魚が怖い所に行ったと子どもらに教えます。怖がる子どもに心配するなと諭します。魚の命がカワセミに捕らえられた場面に、白く美しいかばの花の形象が重なります。この重ね合わされた形象は、魚の命が消えさることは暗く悲しいできごとではないという印象を与えます。「魚はこわい所へ行った。」と言うかにの父親の説明が問題です。「殺される」「死ぬ」という現象的な見方を父親のかにがしていないということは、魚の命は、カワセミの体内に取りこまれ、その生を持続させるということでしょうか。それは暗く悲哀に満ちたものではない。魚の死がカワセミの生にアウヘーベンされる世界なのだと言っているように読めます。それは現象的には弱肉強食、生と死の相克の世界のようにも見えるが、そうではない。生命は他者の命を取りこむことによって栄えるもの、循環する世界としてとらえる思想に基づいていると私は解釈します。谷川の水は絶えず流れ続け、元の水ではない。鴨長明の『方丈記』の語るように「無常」を感じます。

3　「やまなし」は豊穣のシンボル

五月の幻灯と違って、十二月は対照的に描かれます。そこに繰りひろげられるのは、やまなしの実りがもたらされる谷川の風景です。日光の世界ではありません。それと対照的な青白い月光の世界です。題名に関わる「やまなし」が流れてきます。これは天井からもたらされる実りであり、自然の恵みです。

やまなしに月光のにじがもかもか集まりました。

「やまなし」の題名の意味するものは、大自然がもたらす豊穣のシンボルであり、讃美だったことが理解されます。

4　二枚の幻灯が構成する統一的世界

生と死が生起するドラマチックな谷川のシーンに十二月の月光の美しく燃えさかる平安な世界が重なります。クラムボンの死のうえに魚の生が営まれる場面に夢のような黄金の光が降りそそぐイメージが重ね合わされるあの手法が、五月と十二月の幻灯の両者においてもまた生かされています。二枚の幻灯を重ねる表現のしかけによって、表面は弱肉強食、生と死が明滅するかのように見えるが、実相は、死が生に新たに生かさていることを読み手は悟ります。フィナーレの描写がその証です。

波は、いよいよ青白いほのおをゆらゆらと上げました。それはまた金剛石の粉をはいているようでした。

語り手はかにの目を超越して、月光の青白く燃えさかる世界をとらえます。すなわち、賢治は二枚の幻灯を写しだすことによって、その二つを統一的に把握する思想を歌いあげたのです。

5　歴史の流れの中の『やまなし』

『やまなし』が書かれて百年の月日が流れました。この歳月の流れの中で特筆されるのは、第二次世界大戦です。日本国民の戦死者数は三百万人ほどと見られています。

かにの子どもらは、魚によってクラムボンが殺されたり、天井からかわせみが魚を襲う有様を目撃します。自然界での弱肉強食の現象、食う・食われるという生命の明滅を目の当たりにします。しかし、天井から芳醇な「やまなし」がもたらされます。自然の恵みです。

殺し・殺されるという太平洋戦争の実態は、『やまなし』の世界と比べてどうでしょうか。死者数が桁違いです。空襲と爆撃、原爆投下。これは人間が引き起こした戦争です。自然現象ではありません。この戦争は避けられないものではありませんでした。歴史の流れの中に位置づけて『やまなし』を見る時、あの戦争の本質が鮮やかに見えてきます。

三　教材化にあたって（教材化の視点）

宮沢賢治の文学作品は指導がむずかしいと言われています。賢治の思想が理解されなければ、作品は読めない、だから、彼の思想を小学生に教える必要があると言えるでしょうか。難解な法華経の仏教思想を小学生に語るのは無理があります。子どもたちが宮沢賢治の文学作品、『やまなし』に出会うことをとおして、谷川の世界を生き生きと思いえがくこと、この非日常的な世界から自分たちの生きる世界（世の中）を見なおし、人間が生きる意味を考える想像体験ができたら、それはすばらしいことではないでしょうか。子どもたちがやがて成長し、宮沢賢治の作品世界にふれ、人生の意味、歴史の流れを追求する、そういう経験の基盤を培うことを目ざす文学体験を私は重視します。

1　題名『やまなし』に込められた書き手の発想を追求する

一読総合法の読みは、一語一文をしっかりたどり、イメージを豊かに描きつつ、意味を汲みとりながら読みます。イメージを重ね合わせ、その響き合いを味わい、分析・総合しつつ読みます。この教材の読みにおいては、『やまなし』という題名から受ける印象を語り合い、その意味するものは何かを問題意識としつつ読み始めます。これが読みの意欲を高めます。読み手は、「やまなし」の形象に出会ったとき、やっと姿を見せたという感動を強くするとともに、題名を『やまなし』とした書き手（宮沢賢治）の発想を追求するはずです。

2　二枚の幻灯を対比しつつも統一する視点

五月の谷川の場面のイメージを作りつつ、どんな谷川の世界を書いているのかを問う授業にします。この物語では登場人物が、「それなら、なぜ殺された。」とか、「お魚はどこへ行ったの。」と、問いを発します。単なる問いとして受けとめるのではなくて、深い問い、現象の本質につながる問いとして捉えていく。そういう読みの姿勢を確立します。それへの問いは読み手の心の底に沈潜する問いとして受けとめます。

二枚の幻灯は、五月と十二月の幻灯です。この二枚を並列に捉えるのではなく、対比する。さらに両者を一つの世界として統一的に把握することが重要です。二つの谷川の形象が重層的に関連してはいますが、後半の十二月の幻灯に比重がかかっています。「やまなし」が脚光を浴びています。題名の由来もここにあります。

3　比喩表現を味わい感性を磨く

「やまなし」は、子がにの視点に重なり、水底のアングルから幻灯を撮影しています。児童の水中にもぐった経験を引きだしつつ、谷川の様子を思いえがくよう働きかけます。次のような比喩表現をていねいに押さえ音読・表現読みをする学習活動を組むといいでしょう。

・「銀の色の腹」　・「日光の黄金」　・「ラムネのびんの月光」

このような比喩表現は、子どもたちの感性を磨き、ものの見方を広げていきます。このような表現で描く世界が、谷川のどのようなシーンか。これらのことばがどのような物の見方や感性を育てるか。これらの表現の装置を解きあかしつつ、ことばの力を高め合っていく授業を目指します。

（これ以降は、常体の文末表現にします）

四　全体の指導計画

1　全体の指導目標

① 五月の生と死をはらむ世界と十二月のやまなしの実りがもたらされる世界を一つの世界として読みとる。
② 比喩表現をしっかり押さえイメージ（表象）豊かに読む。

2　全体の指導計画（八時間）

【第1・2時】（立ちどまりの範囲　題名・小さな谷川の底を写した二枚の青い幻灯です…「笑った。」）

（各時の指導目標―○　主な学習活動と留意点―☆）

○かにの子どもらの視点から捉えた、生と死をはらんだ五月の谷川の世界の幻灯であることを読みとる。
・語り手の視点は子どものかにの視点に重なり、水底から天井を見て描いていることに気づく。
☆「やまなし」から受ける印象を話し合い、題名の意味するものを考えていこうとする読みの姿勢を作る。（これは十二月の場面で再び問題にする）
☆生と死をはらむ五月の谷川の世界を青く暗くはがねのように描いていることや「それなら、なぜ殺された。」という問いをめぐって、自分なりの考えを話し合う。
☆谷川の水底の様子を思いうかべ、音読・表現読みをする。
※「やまなし」の印象を話し合っておくこと、語り手の視点を捉えておくことが、ポイントである。視点を捉えることは谷川のイメージづくりに関わる。
【第3時】（にわかにぱっと明るくなり、日光の黄金は…居すくまってしまいました。）
○クラムボンを殺した魚が次はコンパスのようにとんがっているものに連れていかれる世界を明るく描いていることを読みとる。（子どものかにの視点からの場面であること）
☆生と死が裏腹にある世界を夢のように明るく描いている表現（「日光の黄金は、夢のように…」）をふまえ、語り手の考え方、谷川の世界の捉え方について話し合う。
☆子がにの恐怖の視点から捉えていることがわかる。
【第4時】（お父さんのかにが出てきました…花びらのかげは静かに砂をすべりました。）
○お父さんのかにが魚は殺されたと言わず、「こわい所へ行った」という捉え方をしていることを読みとる。
・怖い場面にかばの花が流れ、光の網が揺れる美しい場面を重ねる描き方をしていることを捉える。（クラムボンの場面では「日光の黄金は、夢のように…」という描き方であったことと関連づけて考える。）
☆お父さんのかにが怖い所に行ったと教えていることを話し合い、五月の谷川の世界をまとめて捉える。弱肉強食の世界とか食う食われる世界とかいろいろな捉え方が出るとおもしろい。
※五月の谷川の世界をまとめて捉えておくことが最後の立ちどまりの授業を成功に導く。

【第5時】（二　十二月　かにの子どもらは…弟のかには泣きそうになりました。）
○十二月の幻灯は五月の幻灯と対照的であること、かにの子どもらがあわの大きさを競い合っていることを読みとる。
☆十二月の幻灯と五月の幻灯とを比べて話し合う。
☆五月の幻灯と比べ、十二月の谷川の世界をイメージする。「金雲母のかけら」、「白いやわらかな丸石」「水晶のつぶ」などの表現をふまえ、十二月の谷川の世界を豊かに思いうかべ、音読・表現読みをする。
【第6・7時】本時（そのとき、トブン…私の幻灯は、これでおしまいであります。）
○谷川の世界は五月の生と死をはらんだ世界だけではなく、やまなしの実りがもたらされる十二月の世界、青白い月光の燃えさかる美しい世界でもあることを読みとる。
・語り手は十二月の月光のさす世界を子どものかにの視点を超えて捉え、それが美しいものとして考えていることを比喩表現（「黄金のぶちが光りました」「月光のにじがもかもか集まりました」「金剛石の粉をはいているようでした」）を押さえて読む。
※全体の指導目標の達成をめざす。
【第8時】（意見・感想文を書く）

五　最後の立ちどまり（終結）までの授業

本時部分（6・7時）に至る授業の概略である。

第一・二時の授業の実際（題名・小さな谷川の底を写した二枚の青い幻灯です…「笑った。」）

①　「やまなし」は山の中の梨か

『やまなし』の題名についていろいろな印象が出された。「山梨県」のことだろうと考えた子に対して反論があった。「山梨県」を意味する「やまなし」であるなら、なぜ漢字で書かないのか？　山の中に生える梨の話かという予想も出された。ここは読み手の自由な読みに委ね、問題意識をよびおこすにとどめた。

②　二枚の幻灯を組み合わせた物語？

ＭＲさんは二枚の幻灯を組み合わせて物語にしたのではないかと想像した。すると一枚目は五月だから二枚目は何月かが話題になった。秋か冬の季節か、いずれかだろうと活発に推測し合った。

③　クラムボンの正体は？（自由に想像する）

クラムボンとは一体何なのか。それはあわか、生き物の幼生だろうか。あれかこれか議論が白熱し、授業が盛り上がった。「クラムボンは死んだよ。」と書いてあるから「あわ」ではないだろうということになり、「かにの幼生」説が浮上した。でも結局、宮沢賢治の作った言葉であり、各自、自由にイメージしていこうということに落ちついた。

④　「それなら、なぜ殺された。」の問いを考える（自問・自答する読みへ）

「死んだよ。」と言ったのは弟のかにで、「殺されたよ。」と言っているのは兄さんのかにだろうという意見が多かった。「それなら、なぜ殺された。」という問いは重い。この問いをこれからの「読みの課題」としていくことになった。

⑤　五月は「生きる――死ぬ」世界（抽象レベルが上がっていく）

弟のかにと兄さんのかにをまとめて言う言葉は、「生き物」「命あるもの」だろう。では、「死んだ」とか「殺された」というのは、どういう言葉で言えばいいのだろうかと投げかけてみた。子どもたちは「死」、「死んでいく世界」という言葉を上げた。話し合いの過程でこの場面を短いことばで言ったらどんな場面と言えるだろうかと問うてみる。「谷川の中の水の場面…。生き物の場面。」という言葉から、「生きる世界と死ぬ世界」へと読みが深まっていく。

第三時の授業の実際

①　谷川の情景のイメージ（日光の黄金は、夢のように…）

（にわかにぱっと明るくなり、日光の黄金は…居すくまってしまいました。）

「日光の黄金は、夢のように水の中に降ってきました。」、この表現に子どもたちは強く惹かれたようだった。栃木県の日光にある自然教室に行った時の経験、湯川の流れとかきれいに澄んだ水の底とかを思いだしながら小さな谷川のイメージづくりをした。ことば一つひとつを押さえながら、谷川の青白い水の底、そこに日光の黄金の光が降ってきた情景を想像して読みすすめた。

②　見る者の気持ちによってことばづかいを変える工夫をしている

「コンパスのように黒くとがっているのも見ました。」、これは見ている者の怖く思う気持ちがよく表されている。「鉄砲玉のようなもの」とか、書き手は工夫して書いていると子どもたちは、感心した。

③　「青いもの」と魚の行方

谷川の描写の美しさと裏腹に魚が消えて見えない所にいってしまった出来事に読み手ははっとした。クラスにことばにならない衝撃が走ったようだった。「青光のまるでぎらぎらする鉄砲だまのようなもの」と魚の行方が話題になった。

第四時の授業の実際

（お父さんのかにが出てきました…花びらのかげは静かに砂をすべりました。）

①　何か、深い問いが…

「魚かい。魚はこわい所へ行った。」、この表現での子どもの読みである。

「私は、お父さんが言った『魚かい。魚はこわい所へ行った。』っていうのは、地獄とか、そういう所に行ったと言うんじゃないかなと思いました。」

宮沢賢治の『やまなし』は、美しく書いているけど、何か意味深長だ。何か、僕たちに投げかけているると、子どもたちは直観したようである。『やまなし』の世界が、単なる谷川の世界を現象的に描こうとしたものではなさそうだという思いを深めた。

①　「谷川は天国や地獄になったりする世界です」

ＡＩさんは五月の谷川の世界をとらえて言う。

「この『やまなし』を読んで、私は、谷川というのは、ただ谷の所にある川だと思っていたのに、こんないろいろなできごとがあるんだなと思いました。（教師―どんなできごとですか）鉄砲だまのような生き物が魚を獲りにきたり、ちょっとしたことで地獄になったり、天国になったり、いろんなことがあるんだなと思いました。」

※お母さんのかにはどうしたのだろう。なぜ出て来ないのだろうと子どもたちは不思議がるのだった。

第五時の授業の実際（十二月　かにの子どもらはもうよほど大きく…弟のかには泣きそうになりました。）

○二枚の幻灯は作者の問いかけでは

第一時の授業では、二枚の幻灯を組み合わせて物語にするのではないかという問題意識を喚起した。そして、二枚の幻灯は作者の問いかけではないかという展開を見せ始めた。ＤＳ君は挙手して言った。

「五月というのと十二月というのは、離れた時期を比べて、どこが違うかというふうに問いかけているんじゃないかなと思いました。」

五月の幻灯は、「天国、地獄になったりする世界」を描いている。十二月の幻灯は、「きれいな水の中の安らぎ」の世界を描いている。子どもらは、谷川の形象の奥深い意味を汲みとっていった。美しい谷川の描写を味わいながらも、深い問いかけがあるぞ。それは何かをつかもうとする意欲を燃やし、最後の立ちどまり（終結）の授業を期待した。

第六時・七時授業記録（最後の立ちどまり――「そのとき、トブン…おしまいであります。」）

1　前時までの復習（略）　3　新出漢字・難語句の指導

6　話し合いの項目（・谷川の場面　・かにの親子　・やまなし　・語り手　・書きぶり　・テーマ

※本時の項目づくりは、前時の項目を参考にし、本時で話し合いたい項目を付けくわえていった。

六　『やまなし』――最後の場面――関授業記録（6・7時）

（範囲―そのとき、トブン…おしまいであります。）

○前時までの復習（略）・語句指導（略）

○話し合いの項目

・谷川の場面　・かに　・語り手（作者）

・テーマ（副題）　・書きぶり

※本時の話し合いの項目づくりは、前時の項目を参考にし、本時で話し合いたい項目を付けくわえて行われた。

話し合い――かにについて

教師　かにから話し合っていこう。「やまなし」とつなげて発表していいよ。（予測―かにの親子から話し合っていけば、「やまなし」と「かに」との関わりが問題になるだろう）

ＨＯ　「どうだ、やっぱりやまなしだよ。よく熟している。いいにおいだろう。」という所で、お父さんのかにはこういうことに詳しいなと思いました。

ＹＳ　「やまなし」と「かに」をつなげて。「待て待て。もう二日ばかり待つとね、こいつは下へしずんでくる。それからひとりでにおいしいお酒ができるから。さあ、もう帰ってねよう。おいで。」という所で、お父さんはなんでも、知っているなと思いました。

教師　やまなしからおいしいお酒ができるんですね。（確認）

ＨＫ　「どうだ、やっぱりやまなしだよ。よく熟している。いいにおいだろう。」「待て待て。もう二日ばかり待つとね、こいつは下へしずんでくる。それからひとりでにおいしいお酒ができるから。」という所で、やっと「やまなし」が出てきて…。「やまなし」は、山からおっこってきた梨

なのではないかと思いました。（彼は題名を読んだ時から「やまなし」はどんな感じのものかと期待していた）

RK　かわせみのことで、さっき怖い思いをしたので、（児童―七ヶ月前だよ）七ヶ月前に怖いことがあったので、まだ、思っていて、やまなしが落ちてきたとき、怖いと思ったんじゃないかなと思いました。

SI　「黒い丸い大きなものが、天井から落ちてずうっとしずんで、また上へ上っていきました。きらきらっと黄金のぶちが光りました。『かわせみだ。』」という所で、五月の時にかわせみがいきなり谷川の中に入ってきて、怖い思いをして、今度もまた、かわせみだと思ったんだと思います。

板書「やまなし」――作者が気に入って題名にする

KO　お父さんのかにと「やまなし」をつなげて、「あれはやまなしだ。」と言ったから、多分、この物語の題名になったんじゃないかなと思いました。このことばを書こうと作者は決めていたんじゃないかなと思いました。

児童　同じです。賛成です。

教師　作者はこの題名とつなげることを考えていたのでしょうか（問いかけ）。

話し合い――この題名をつけた作者の発想

HE　私もKO君と同じで、作者は、この「やまなし」が気に入っていて、十二月の幻灯に入れることを考えていたんじゃないかなと思います。

YN　「『かわせみだ。』」、子どもらのかには、首をすくめて言いました。」という所で、七ヶ月前に、怖い思いをして、まだそのことを覚えていて、その事をお父さんは「やまなし」だとわかっていたけど、子どもらはかわせみだと言ったから、かにの子どもらは「やまなし」を今回、初めて見たんじゃないかなと思いました。

AK　YN君と同じで、この子どもたちは、かわせみだと七ヶ月前に怖い思いをして覚えていて、見ただけで、怖かったし、印象に残っていたんじゃないかなと思いました。

教師　五月は、恐怖の場面と言いましたね。十二月は、こう言いましたね。（掲示物のやすらぎ―を指さして）
教師　やすらぎの場面と言いましたね。ここの場面を、書いてないけど「やすらぎ」というふうに読みとっていく。書いてないけど、そういう意味を汲みとっていく。これが物語の授業の勉強なんだよ。
児童　やすらぎ。静かな谷川（口々に）。

十二月――「やすらぎ」

児童　うなずいている。
※KO君は、作者は「やまなし」を題名にしようと考えていたのではないか。すなわち、作者のモチーフが「やまなし」と深くかかわっているのではないかと迫る。HEさんも「やまなし」を、宮沢賢治は気に入っていたのではないかと推理した。「やまなし」がかわせみと対比されていることを子どもたちは掴んだ。「やまなし」の意味するものに読みの焦点を当てた。（谷川に落ちてきた「やまなし」の話し合いは略す）

「やまなし」の意味するものは何か――読みの掘りおこし

教師　「やまなし」は、あの梨の仲間です。黄色または紅色の実が熟します。ところで、「やまなし」を題名にもってきたというのは、何かそこにあるんじゃないかな。それとつなげて意見が出てくるといいね。
RO　かにのお父さんが出てきて、「おいしいお酒ができる」と言っているから、珍しい果物ではないかと思いました。
YA　「やまなし」って、谷川の上にある木で、谷川の中で実が、おいしいお酒になるんだとわかりました。
DS　僕は、「やまなし」は、黄金のぶちのように光って、良い匂いがして、そのままおいておくと酒になる。山になっている梨だと思いました。
教師　「やまなし」を題名にしたことについてどうぞ。
AK　「やまなし」ということばは少ししか出てこないけど、題名になったぐらい大事なことばなんじゃないかなと思いました。

教師　ここに初めて題名とつながる「やまなし」という言葉が出てきました。いい匂いだ。そして熟している。それはお酒になる。「やまなし」ということからもう少し読みとれないだろうか。

ＭＲ　珍しい実だから題名に「やまなし」と付けたんじゃないかなと思いました。

ＳＩ　「やまなし」の匂いとかいうのは、作者が読み手に「自然ののどかさ」とかを感じてほしかったんじゃないかなと思いました。

板書　「やまなし――自然ののどかさ」

教師　「自然ののどかさを感じてほしかった。」ということだね。他にどうぞ。

ＨＯ　珍しい実というのとつなげて。珍しい実というのは、めったに出ない実で、お父さんかにもびっくりしたんじゃないかなと思います。

ＴＨ　お父さんかには珍しい「梨」だから、貴重品だと思ったんじゃないかなと思います。

ＡＫ　私も、「やまなし」が、ぽかぽか流れていく様子で、「自然」な感じがしました。

読みの方向づけ――「いよいよ」に着目

教師　「いよいよ」が何回出てくるかな。読んでください。

児童　音読する（再度のひとり読みを組織する）。

「波はいよいよ青いほのおを上げ、やまなしは横になって木の枝に引っかかって止まり、その上には、月光のにじがもかもか集まりました。」

「波はいよいよ青白いほのおをゆらゆらと上げました。それはまた、金剛石の粉をはいているようでした。」

※子どもらは、「やまなし」から、自然ののどかさを感じとっている。が、もう少し掘り下げることを狙う。

※「波はいよいよ青白いほのおを上げ…」と書いた模造紙を黒板に掲示し、「いよいよ」の表現に赤い傍線を引いて注目させる。

教師　今までは「いよいよ」という言葉は出てこなかったね。この言葉からわかることはありませんか。

「金剛石の粉をはいているようでした。」

ＳＫ　なんだかクライマックスみたいな感じです。

板書　いよいよ――「クライマックス」

教師　そうですね。クライマックスみたいでしょう。

ＳＩ　もしかしたら、「いよいよ」というのは、クライマックスになってきた感じで、「やまなし」というのは、十二月はクリスマスだから、クリスマス・プレゼントみたいな物ではないかと思います。

板書　「やまなし」——クリスマス・プレゼント

ＴＨ　もしかしてなんだけど、…皆と反対で、「いよいよ」と言うのは、今から始まるということではないかなと思います。

児童　なるほど。言われた。（活発なつぶやき）

教師　何が始まるのかな？

ＴＨ　生活とか…。

ＨＯ　付けたして。「いよいよ」というのは、やっぱりクライマックスという面もあるけど、だけど、やっと始まるという感じもあるんじゃないかなと思いました。

ＡＫ　今のＴＨ君のこれから「いよいよ」始まるという所で、十二月の寒い季節の中で、かにたちの生活が始まるんじゃないかなと思いました。

板書　十二月の季節——クライマックスと始まり

教師　一年の終わりの十二月、その終わりの季節の中に何か始まるものがあるという予感がしますね。

※ＴＨ君の読みの発表から刺激された子どもたちは、十二月の谷川の世界を、「命の営みの始まり」を意味するものとしてとらえた。

※自由に自分の読みや意見を表明でき、読みを深め合う学習集団の協同の読みの成果である。（休憩——その後七時）

副題——「生きることの素晴らしさ・厳しさ」

教師　では、副題・テーマなどについてどうぞ。

ＨＥ　私は、副題は、「かにの子どもたちの成長」とつけました。なぜかというと、かにの子どもたちは、春から冬に向けて、いろいろな体験をして、それで、大きくなっていく感じだからです。

ＨＯ　ＨＥさんの「体験」ということに近いんだけど、「かにのできごと」という副題にしました。訳は「いろいろなできごと」、かわせみが襲ってきたり、「クラムボン」が殺されたり、いろいろな事が谷川で起こったからです。

ＹＫ　私は「恐ろしいことと平和なとき」としました。一枚目の五月は、「弱肉強食の世界」で、二枚目の十二月は「穏やかな世界」だからです。

ＨＫ　僕は、作者がこれを書きおえてから、これを読みかえしたらどう思うのかなと思いました。

児童　作者はこれからかにの生活が始まると思った。

教師　（かわせみが襲ってこない平和な谷川の世界）作者・宮沢賢治はこれを読んでもらって、君たちにいろいろ考えてほしかったのではないだろうか。

ＳＫ　私は、みんなと違って「二枚の幻灯から」にしました。谷川の主な出来事が幻灯になっているからです。

教師　ＳＫさんは、「二枚の幻灯から」という副題を付けました。（板書―二枚の幻灯から）

二枚の幻灯は違う谷川の場面を写しだしていましたね。ＹＫさんが言ったように、五月は「恐ろしいことが起こる世界」、十二月は「平和なのどかな世界」

ＲＫ　私は、「やまなしとかに」という副題にしました。訳は、前はかにのことが書いてあるし、十二月の幻灯は「やまなし」が出てきたからです。

ＡＫ　私は、皆と違って、「水の中のできごと」にしました。なぜかと言うと、かにたちにあった出来事、「やまなし」が流れてきたとか、「クラムボン」とかイサドとかいろいろ詳しく書いてあって、それは全部、水の中の出来事だったからです。

教師　どんな出来事かな。

ＡＫ　「生きているものと死んでしまったもの」とか…。

ＨＥ　私は、「生きる」にしました。生きていくことの恐ろしさ、素晴らしさ、厳しさがテーマではないかと考えたからです。

※指導目標への到達度

「谷川の世界は五月の生と死をはらんだ世界だけでなく、やまなしの実りがもたらされる十二月の世界、青白い月光の燃えさかる美しい世界でもあることを読みとる」という目標に大方迫りえたのではないかと自己評価した。

※宮沢賢治のきれいな表現を味わう。

宮沢賢治は、きれいな表現を使っていることが話し合われた。

「私の幻灯は、これでおしまいであります。」という所では、「わざわざどうもありがとうございました。」と言いたくなるような書き方だという指摘もあった。

「それは作者の個性であり、そうしたほうが、文章全体がひきしまる」という意見もあった。

※十二月の幻灯を音読・表現読みをして味わう。

※意見・感想文を書く。

生と死を見つめて

H　E

私が、なぜこの題にしたのか説明することにする。私はこの五月の場面は、生きていくことの恐ろしさ、素晴らしさ、生きている喜び、厳しさ。「生きる」がテーマなのではないか、そう思ったからだ。

〈生と死のせ中合わせの時間〉

はるか昔、この地球に生物がそんざいするようになってから、私たち生物は、つねに生と死とせ中合わせの時間だ。時には死を目のあたりにすることもある。実際に私は、それを体験してしまった。人間は生と死のせ中合わせの中で時をすごしているといってもかごんではない。時にはやすらぎを感じ、また、時には絶望し、ざせつし…。一生がいの半分も生きていてもなおみたされない思い。一生がい生きていてもみたされなかった思い。そのみたされなかった思いややすらぎ。そして血をはくような苦しい日々。この『やまなし』はそれらが、すべてつまった作品だと私は思う。（略）

〈私たちの姿を描いた物語〉

宮沢賢治のえがく物語は、現実的な所があまりない。物理的に書いてある所なんてほとんどない。まるで夢を見ているようなー。なんて表現したらいいかわからないけど。宮沢賢治の物語を読んでいると、現実を忘れさせてくれる。あの絶対忘れられないような、あのいまわしい過去さえも忘れさせてくれる、そんな不思議な魅力がいっぱいつまっている。そんな作品である。時にはすさまじいほどのあらあらしさや、悲しみや苦しみ、生きていることの厳しさ、時にはやすらぎ、生きていることの喜び、そして子どものかにたちの成長。このかにの子どもたちは、いろいろな体験にもとずいて、いろいろなことを学び、時には恐ろしさを覚え、そして成長していく。このかにの子どもたちは、もしかしたら今までの私たちの姿を描いた物語なんだなあと思った。そしてこれからも私たちは、いつまでもこのかにのように育っていくと思う。そして大人になっても子どもの心を忘れないでいきたい。

〈終わりそうで終わらないファンタジー〉

私は、最後の「私の幻灯は、これでおしまいであります。」の所で、これは宮沢賢治の個性であり、そして、「読んでくれてありがとう。」、そんな気持ちがあらわれているようでよかったと思う。そして、気がついたことは、この宮沢賢治は綺麗な表現を上手く使っているなあと思う。たとえば、「波は、いよいよ青白いほのおをゆらゆらとあげました。それはまた、金剛石の粉をはいているようでした。」の所である。もっとたくさんあるが、ここが、一番大切な所だと思う。それから、「いよいよ」という表現は、このかにたちの物語は終わりだけど、これから、活動し始める生き物のような書き方だなと思う。終わりそうで終わらない。もしかしたら、永遠に終わらない。そんなファンタジーを夢みて描いた作品であるのかもしれない。（小見出しは筆者が付けた）

現実を鋭く見つめる文学の授業づくりの提唱

今日、『やまなし』の作品世界で培われた目で自分たちを取りまく世界を見つめなおしていくことが、文学の読みとして大事ではなかろうか。『やまなし』の世界を文学体験することによって、自分たちの生きる世界の中に、生きることの喜びと厳しさを見つめる。文学作品の世界をくぐることによって、作品世界に登場する人物の生き方、物の考え方を学び、自分の生き方を考えていく。これは、現実をしっかり認識していく力を養っていくことでもある。このように文学の世界から現実の世界に目を転じて行く力を養っていくことに力を入れたいと思う。作品世界を自分の生きる現実と重ね合わせ、自己の内面や自分を取りまく現実を鋭く見つめる文学の授業づくりを提唱する。

【参考文献】

『西郷竹彦文芸教育著作集　20』（明治図書）
『国語の授業』誌ＮＯ１３０　一九九五年一〇月号（児童言語研究会　一光社）
『宮沢賢治「やまなし」の教材研究と全授業記録』（『実践国語研究別冊ＮＯ73　一九八七年　明治図書）
『分析批評による「やまなし」への道』（佐々木俊幸・西尾一　一九八六年　明治図書）
『想像力を高め合う文学の授業』（関　可明　一九九七年　一光社）

Ⅷ

文学の読みの発達と授業

――ヴィゴツキーの発達論から授業を見直す

Выготский Л. С

一　どんな文学の授業を創るか

二　「話し合い」（協同の読み）と知的機能の活性化

三　最近接発達の領域（発達の最近接領域）を創る必要な条件（文学の授業）

ヴィゴツキーの精神発達論（「最近接発達の領域（発達の最近接領域）」[註2]）に学び、一読総合法の授業を見直したいと思います。ヴィゴツキーの発達についての次のことばが示唆的です。

「教授・学習の本質的特徴は、教授・学習が発達の最近接領域を創造するという事実にある、すなわち、いまは子どもにとってまわりの人たちとの相互関係、友だちとの協同の中でのみ可能であることが、発達の内的過程が進むにつれて、のちには子ども自身の内的財産となる一連の内的発達過程を子どもに生ぜしめ、覚醒させ、運動させるという事実にある、と断言してもよいでしょう。」（『「発達の最近接領域」の理論』22—23頁　ヴィゴツキー　三学出版）

ヴィゴツキーは、「子どもが課題を独力で解決できる知能の発達水準」と、「大人の指導や能力のある学習仲間との協同でならば解決できる知能の発達水準」とのへだたりを「最近接発達の領域」（『ヴィゴツキー心理学』中村和夫著　新読書社を参照）と呼びました。すなわち、「成熟中の段階にある過程を、子どもの最近接発達の領域」ととらえ、この発達領域を教授・学習は作りだすものであるべきだと提唱したのです。

では、「最近接発達の領域」を創る授業とはどのような授業でしょうか。大人の指導や能力のある学習仲間との協同で「知的発達水準」をどう高めていくか。この問題を解き明かしていくうえで、『ごんぎつね』の授業（大場氏の授業）は、参考になります。

註2

ロシア語　― зоне ближайшего развития
英　語　― zone of proximal development
　　　　― 領域　最も近い　発達（の）
中村和夫訳 ― 最近接発達の領域
柴田義松訳 ― 発達の最近接領域
※原文の意味に近いのは、中村和夫氏の訳語である。

一　どんな文学の授業を創るか

『ごんぎつね』は教科書教材に採用されて久しい。なぜこの作品に人気があるのでしょうか。この教材の価値について大場博章氏は次のように述べています。

「子どもたちは、『ごんぎつね』を文学として読み深めることで、さまざまな人間の生き方や考え方を知り、人間の本質や社会の仕組みを考えることができます。また、虚構の世界の体験（文学の準体験）を通して文学のおもしろさ、楽しさ（ハラハラ、ドキドキ、ワクワクという感動体験）を実感していきます。さらに文学を文学として読むことで思考・認識が深まり、日本語のことばの力も蓄えられていくのです。そして作品の中の現実を日常の自分の現実生活と結びつけ、自分やその周りを見直す機会と捉えることができ、明日を生きるエネルギーにも転化させることができます。」（『一読総合法　読みの授業と理論』242頁　関　可明編著　子どもの未来社）

わたしも大場氏の右の指摘に同感です。『ごんぎつね』の授業づくりに必要な視点を列挙します。ここでは主な視点に絞ります（指導計画は略す）。

『ごんぎつね』の授業づくりの主な視点

①　空がからっと晴れていて、もずの声がキンキンひびいていた秋、雨上がりの土手の景色、彼岸花が咲きみだれる墓地から見えるお城の情景描写や登場人物の心情との関連（情と景のかかわり）をどう読むか。（**想像**）

②　兵十はごんをぬすっとぎつねとしか見ていなかった。ごんと兵十とのすれちがいの原因と結果、ごんと村人との関わり方などをどう読むか。**（虚構・作品構造）**

③　ごんのつぐないの行為が報われることなく、ごんの死によってしか兵十と通じ合えなかった悲哀をどう読むか。**（テーマに関わる問題）**

④　『ごんぎつね』のどんな表現方法・文法則を取りあげるか。**（表現方法・文法則など）**

※文学の授業づくりの視点として「語り手（語り口、視点）の問題」、「作品世界と自分の生きる状況」との問題などもあるがスペースの関係で省きます。

右の視点に立ち、『ごんぎつね』の授業場面（墓地と穴の中のごん）で知的発達（言葉・思考の発達）の「最近接発達の領域」をどう創りだすかというテーマに絞って書きます。

二　「話し合い」（協同の読み）と知的機能の活性化

わたしは、文学の読みの授業方法として一読総合法をお勧めしたい。次の理由からです。

①　子どもの読みの授業における「話し合い」（協同の読み）の前の「書きこみ」（ひとり読み）から子どもの「現下の発達水準」（自力読みの発達水準）をうかがい知ることができます。子どもの「書きこみ」は今、現下のその子の文学の読みの発達水準を映しだしています。なぜなら、「書きこみ」は、未だ「教授―学習」に出会う前の段階の「自力読み」（独力の読み）を書きしるしたものであり、現在のその子の読みの発達水準を、「書きこみ」「書きだし」などが物語っているからです。指導者は机間順視で、一人ひとりの書きこみを見て、クラスの子どもの読みの実態やそのおおよその傾向・特徴を直観できます。

②　ひとり読みに基づく「話し合い」（協同の読み）は、文学の読みにおいて学習者同士の成熟しつつある知的機能を活性化します（精神間機能）。

一読総合法の授業では子どものひとり読みを「話し合い」（協同の読み）の中で発表し合います。その話し合いは、読み手の文学の読みの成熟しつつある知的機能（ことば・想像・思考などの機能）に働きかけます。大場氏の授業・実践（「大場授業」と略称する）でそのことを見てみましょう。

ひがん花の咲いている場面や葬列の人々の心情を大場学級の児童（ＭＵ）は鮮やかに想像していますが、詳細は省きます。

「ＭＵ　①の所で、いいお天気でと書いてあるけど、ひがん花をふんで行った葬列の人々の心の中は、天気はいいお天気でも、心の中はすごく曇っていて、何というか嫌な天気になっている。」

ＭＵは秋のいい天気と対比して、葬列の人達の悲しみの心情をおしはかります。「心の中はすごく曇っていて」という表現は葬列の人々の心情を的確に言い当てています。場面の情景と登場人物の心情とを関連づけて読んでいます。

（1）キーワードはことばの文末表現の「自覚」

児童の「最近接発達の領域」を創っていると私が見る授業場面の一つです。「うなぎ問題」で、ある児童が、「最後に兵十のおっかあは食べれないまま死んじゃったから、おっかあはすごくかわいそうだ。」と発表しました。教師はすかさずこの発表に児童の目を向けます。

教師　ちょっとこちらを見てください。（黒板に掲示したごんの心内語表現を指して）「兵十のおっかあは、とこについていて、うなぎが食べたいと言ったにちがいない」は、「言いました」とどうちがいますか。

ＳＭ　多分ごんは（おっかあがそう）言ったと思ってしまって信じこんだんじゃないかな。

教師　こういうのを何と言うんだろう。

Ｃ　予想。推理。（児童は口々に発話）

Ｃの発言につなげてこれは事実ではなく、ごんの「思いこみ」であることに目を向けました。これに関わる表現（叙述）を押さえて教師は確かめました。「言ったにちがいない」は、「言った」（事実を表す文）

確認し合いました。この確認は教師の働きかけ（指導）によって成されたものです。教師の教材分析と指導計画に基づく適切な授業展開です。さらに「だろう」の表現についての学習が続きました。

教師は、「『そのまま、おっかあは、死んじゃったにちがいない』のところでありますか。」と、文末表現に目を向けさせせました。「また思いこみ」だということが確かめられました。教師はすかさず、「『うなぎが食べたいと思いながら死んだんだろう』は？　と問います。「『だろう』でしょう。それはＩＧが言ったように予想。」「予想というよりごんの想像だ。」、このような意見交換が文末表現を意識して読むことの自覚を深めていきました。

筆者だったらここで文末表現の違いの「自覚」を深める次のような板書を計画します。

文末表現のちがい（板書）

Ａ　「うなぎが食べたいと言った」（過去の事実を表す）

Ｂ　「食べたいと言ったにちがいない」（思いこみの表現）

Ｃ　死んだんだろう（おしはかる・推理）

このように板書しつつ、文末表現の違いを意識すること、さらに文末表現の違いによって、意味する内容がどのように変わるか、そのことを自覚することが、この場面の読みに求められていることを学習者同士が認識しあえるようにしたい。

「自覚」（風呂敷包みを結ぶことの自覚）についてのヴィゴツキーの論考である。

「結び目を結ぶということ、結び目およびそこに生じていることは、私の意識の対象である。だが、私が結ぶ場合に行う動作、私がそれをどのように行うかということは、私の意識の対象ではない。しかしそれらはまさに意識の対象となることができる。――そのときには、それは自覚されるのである。自覚は意識の行為である。その対象は、意識活動そのものである。」（『思考と言語』265頁）

文末表現（「ちがいない」「だろう」）を読み手の意識の対象とし、そのことばの働きを内言で一般化して自覚する。「自覚の基礎には、自分自身の精神過程の制御をもたらす一般化が横たわっている。」とヴィゴツキーは指摘します。『ごんぎつね』の大場授業の中では、教師の働きかけによって、「文末表現」の規則（文法則）を自覚するという一般化が行われています。まさに現下に発達しつつある「最近接発達の領域」に働きかけているのです。

（2）「ごんの反省」から「後悔」へどう読みを深めるか

大場授業の「ごんは、そのばんあなの中で考えました」の場面で、児童HCは、「今頃、後悔しちゃったんじゃあないかな。」と、ごんの後悔に注目し、KMは、「SM君と同じ表現で、ごんはすごく責任を感じているんじゃあないかな。」と、さらにつっこんだ読みをします。NHも「後悔（板書を指して）って書いてありますよね。②と③（読みの範囲）の所につながるんですけど…（略）」と、「後悔」を自覚した捉え方をしています。

読み手は、兵十の葬列の場面を見たその晩のごんによりそい、「ごんが、いたずらをしたことを反省し、責任を感じているのではないか。」と推察しました。その際、教師の「後悔」という板書が、ごんの心（内面）に読み手の意識を向ける役割を果たしました。「後悔」ということばが、学習者の精神間で共鳴し合っています。MUやYDの発言にそれを見ることができます。

教師　MU君、どうぞ。

MU　（前略…）IG君はそれをつなげて、初めていたずらをしたことで後悔をしたと言ったけれど、初めて後悔したから、これからは、ごんはだんだんいたずらを少なくして人間たちと仲良くなっていくんじゃないかと思った。（ごんの後悔から今後の行動を見通す）

YD　「いたずらしなけりゃよかった」で、ごんは兵十に何か謝りたいんじゃないかな。

教師　ごんは、初めて自分がやったことを反省し、村の人のことを心配するようになった。ごんは、兵十に謝りたい気持ちも出てきている。

大場学級の児童は、ごんが、「自分がやったことを反省している」（自分の行いをかえりみる心理作用）ことを意識しました。初めていたずらをしたことで後悔をしたごんの内面に目を向けました。即ち、いたずらをして喜んでいたごんから、いたずらを後悔するごんへの変化に気づいたと言えます。これは、ごんという人物像の新たな側面の認識です。KYは、「ごん、村の人と仲良くなり、いたずらなんかしないで友達になれば…。」と言い、TKは、「ごんは最後の場面でやっとやさしさの扉を開いた。」と、ごんの内面的変容を表現しました。TNは、「ごんはいたずらばかりしていたけど、人間のことが好きになったんじゃあないかな。」と、人間に心を寄せるごんを自覚しました。「ごんは兵十に何か謝りたいんじゃないか」、この指摘の内容は、ごんの償い行動に発展するものです。

大場授業は、このように『ごんぎつね』の作品展開の重要なモメント（後悔からつぐないへ）を追求していきます。ひとり読みでは到達できないものが、協同の読みの中で、学習仲間の発話に触発され、より高い読み（精神間活動）に到達しつつあります。

『ごんぎつね』の大場実践（授業記録）を検討して、文学の読みで「最近接発達の領域（発達の最近接領域）」を創りだす協同の読みのあり方が、見えてきました。

読みの対象（ごんの内面とその変化）に「読みの意識」を向けること、それをさらに自分の言葉（内言）で一般化し、定式化すること（「反省」「責任を感じる」「後悔」など）、ごんの心情（村人に謝りたい気持ち）に迫ることについて論述してきました。これが私の提起したいテーマです。

三　最近接発達の領域（発達の最近接領域）を創る必要な条件（文学の授業）

ここでどんな文学の授業が学習者の「最近接発達の領域（発達の最近接領域）」を創るか、その必要な条件（主な学習活動）をいくつか提示します。

●一時間の読みの授業の始めに、各自のひとり読み（自力読み―自問・自答）が保障されること
（テキストへの能動的なはたらきかけ・読みの成立）

●各自のひとり読みが、話し合われること。話し合いの中で相互の啓発・読み深めがされること
（最近接発達の領域を創りだす協同の読みの展開―精神間活動の保障）

●自分の言葉（内言）で一般化したり定式化したり批判し合ったりすること
（クリティカル・リーディング）

※右の条件は相互に深く関連し合っていますが、簡単に列挙しました。
（優れた教材であること、深い教材分析に基づく指導計画があることを前提とする）

ヴィゴツキーの「最近接発達の領域」論は、「科学的概念の形成」に限定して論じたものですが、私は文学の読みの授業づくりにおいても有効であることを確信しています。「最近接発達の領域」を創りだしている大場授業の実相（『ごんぎつね』の授業）が、その証拠です。

文学の読みは、言語を駆使し、抽象的思考活動を展開します。概念の形成を目指して論理的思考活動も行います。この過程で「最近接発達の領域」を創りだしながら「読みの力」を高め合っていきます。

Ⅸ　文学の読みの力

1　言語本質観に立って文学の読みを問う

2　文学の読みで育てる力

3　『ごんぎつね』の読みで育てる力

4　一読総合法の話し合いの過程で育つ力

1　言語本質観に立って文学の読みを問う

「文学作品の読みの力」を論じるにあたって文学作品の三つの機能をふまえて論じていきます。

文学作品の機能

① 知識・認識を広め深める働き
② 共感・共鳴・感動を起こす働き
③ 読み手の物の見方・生き方に作用し影響を及ぼす働き

文学作品を読む過程で三つの働きを見ることができます。文学の読みは、この三つの機能が複合的に関連し合ってはたらきあう過程であり、これは認識活動と言えます。文学の読みはどのような認識活動なのでしょうか。その読みは、どのような構造なのでしょうか。文章構造のシンプルな教材『おおきなかぶ』（光村図書　一年）を例にして考えてみましょう。

物語の読みの過程では次のような「思考・認識の過程」が複雑に関わり合い同時に進行すると思われます。その過程で働く力を便宜的に整理してみます。

『おおきなかぶ』の思考・認識過程

㋐ 文字認知の過程

「お　お　き　な　か　ぶ」と、平仮名を認知する。平仮名を読む力・識字の力がかかわっている。

㋑　語形認知の過程
「おおきな　かぶ」と、認知する。（「おおきな」と「かぶ」の二語の関連内容を認知する力）

㋒　ことばの意味を捉える過程（概念内容—単語の指し示す表象・イメージの喚起・概念の内容の把握）
「おおきな　かぶ」と二語の語形認知をするとともに、「しろくてまるいやさい」（八百屋やスーパーに売っているもの）という意味を喚起する力。（「おおきな　かぶ」—「かぶ＝聖護院かぶ」のイメージも同時的に喚起する場合もあるだろう。読み手は赤かぶを表象（イメージ）するかもしれない。都会では畑に植わっているもの（葉の付いた状態）ではなく、売りものの「かぶ」を表象（イメージ）することが多いであろう。読み進めていく過程でかぶの表象・イメージが豊かになっていく。

㋓　一文の内容をとらえる過程（判断内容）

おじいさんが、かぶの　たねを　まきました。

○挿絵をたよりにしながら、「おじいさん」（としよりの男の人）が畑に「かぶ」の種を蒔いたという判断内容を理解する力。（原則として文は一つの判断内容を表す）

㋔　表象喚起・形成の過程（事象認識の過程）
○おじいさんが腰をかがめ、小さいかぶの種をまく様子を表象（イメージ）する力。

㋕　関係認識・本質的認識の過程
「あまい　あまい　かぶに　なれ。おおきな　おおきな　かぶに　なれ。」

○「なれ」という命令口調からおじいさんが言ったことばであると判断できる。「あまいかぶになれ」、「おおきなかぶになれ」と言いながらおじいさんは水やりをしたり、草取りなどの世話をしたりしたのだろう。おじいさんの思いが感じとれる。読み手はこのように自由に心に思いうかべていく。㋕は「かぶのたねをまいた」ことと関係づけてこのことばを認知する力である。

あまい　あまい、おおきな　おおきな　かぶに　なりました。

○あまい、大きなかぶに育ったのだ。おじいさんの世話と「おおきなかぶ」の成長を関係づけてとらえる力（関係認識力）。「おおきな　おおきな」と繰り返している。挿絵とつなげてその大きさを思いえがく。「あまい　あまい」と言っている。もう食べて味わった言い方だ。収穫時だから、ここでは「あまそうな」ではないのか。おじいさんの長年の経験から見ての「あまい」という表現とも考えられる。

ねこは、ねずみを　よんで　きました。かぶを　おじいさんが　ひっぱって、おじいさんを　おばあさんが　ひっぱって、おばあさんを　まごが　ひっぱって、まごを　いぬが　ひっぱって、いぬを　ねこが　ひっぱって、ねこを　ねずみが　ひっぱって、

「うんとこしょ、どっこいしょ。」

とうとう、かぶは　ぬけました。

○おじいさん、おばあさん、まご、いぬ、ねこ、ねずみが心を合わせて引っぱって、「とうとう」抜けた。家中の全員の力で、苦労して抜くことができた（読みの全総合）。みんなで力を合わせたからぬけたのだ（意味づけ）。小さいねずみの役割も大きい（価値づけ）。

○おじいさんが、「あまい　あまいかぶになれ。おおきな　おおきなかぶになれ。」と言って、あまいかぶの種をまいて育てた。家中のものが力を合わせて大きなかぶを収穫し喜びあうことができた。

本教材は一年生の教材で文章構造がシンプルに見えますが、読みの認知・認識過程は複雑です。読み手は、人物や場面の表象を喚起したり作りあげたりしつつ、その因果関係を認識（関係認識）します。概念内容を捉え、分析・総合しつつ物事や人物の本質を捉え（本質的認識）、文章の読み取りを深めていきます。このような読みの認識活動とともに、感性も働きます。認識活動と呼ばれる側面と感性に関わる側面とは読みの活動の表裏の関係にあります。すなわちこの両者は相互に働きあう一体の関係にあるということです。

さらに読みの活動において重視されなくてはならないのは、読み手としての価値付け、評価、批判など、読み手主体の活動を育てていくことです。

（読み手は、作品世界の文章をフィクションとして読みすすめていく。犬やねこなどを登場人物として想像する。文学作品の読みは、物語のこの読みの構えが前提となっている。）

2　文学の読みで育てる力

文学作品で育てる力（小学校）は、大きく二つに分けることができます。

Ａ　文章理解力（文学言語―文学作品の言語・表現にかかわる知識・技能・態度）
Ｂ　対象認識力（文学作品の内容を認識する力・表象の喚起・形成、関係認識・本質的認識・読み手としての価値づけ・評価・態度）

この二つの力が、相互に働きあい、文学作品の読みの認識活動を支えています。この力の中にさらにいろいろな力が下位区分されます。これらの力の中で重要なもの、特徴的なものを列挙します。

Ａ　文章理解力（文学言語―文学作品の言語・表現にかかわる知識・技能・態度）

㋐　文字を認知する力（平仮名・片仮名・漢字など、読字に関する力）
㋑　語形として認知する力
㋒　概念内容を想起したり捉えたりする力（語彙・語句に関する力）
㋓　主語・述語などの対応を押さえて読む力（文法に関する力―知識・技能・態度）
・助詞・副助詞などの働き（「は」と「が」の区別など）
・句読点の働き（間の開け方など）
・接続詞・接続助詞などの働き
・文末表現の働き（「です」「のです」の敬体、「である」の常体、「そうです」などの伝聞他）

㋔ 文・文章・レトリックに関する力（知識・技能・態度）

・地の文と会話文との区別やその働き
・文学作品の描写・説明の区別とその働き
・繰り返し・反復の働き
・擬音語・擬態語の働き
・比喩・隠喩など
・対比・類比など
・擬人法・強調・倒置など
・視点・語り手
・文章のリズム（文体）
・リーダー（…）・ダッシュ（—）などの記号
・象徴（シンボル）

B 対象認識力（文学作品の内容を認識する力・表象の喚起・形成、関係認識・本質的認識・読み手としての価値づけ・評価・態度）

㋐ 状況と人物を関連づけてとらえる力

・作品世界の時・所（場所）などをとらえる（作品世界の時空）。
・人物の様子や気持ちなどをとらえる（人物の様子・情景などを表象化したり、作品世界に自分を置いたり、登場人物に同化したりする）。

・状況の変化が人物の生き方にどのように影響を及ぼしているか、状況と人物像（性格・考え方・生き方・人物の状況への働きかけ）との相互関係をとらえる。

㋑　人物と人物の関係をとらえる力

・人物同士の交流の深まり、対立の関係など（人物関係）をとらえる。

㋒　ストーリーの展開・構成等をとらえる力

・事件の展開過程・原因と結果などの関係をとらえる。

・事件に人物がどう関連しているかをとらえる。

・事件が人物の考え方や生き方にどのような作用を及ぼしているかをとらえる。

・ストーリーの展開の必然性・発展性などをとらえる。

㋓　テーマをとらえる力

・作品で提起されている問題（テーマ）をとらえる。

・書き手の問題の追求（書き手の現実認識）をとらえる。

㋔　㋐から㋓までのそれぞれの内容の読み取りの過程で、読み手としての意味づけ・評価などをする

・読み手としての意見・感想をまとめる。

・作品の読みを通して、自分の生きている現実を見つめ、自分の生き方などについて考える。

（A文章理解とB対象認識の力は相互に関連し合って機能する。読みの過程では認識の深化とともに、感性も豊かになる。また、この認識過程で文学作品の読みへの関心・意欲・態度なども促進される。）

3 『ごんぎつね』の読みで育てる力

文学作品の読みの力を分類・整理して示しました。これらの力は、子どもたちの発達段階に即して指導されるものですが、どの学年でどんな力を育てていくかは、指導する教材と指導のあり方に関連していきます。今後の実践を積み重ねることによって明らかにされるべきものです。ここでは中学年として育てる力を考える参考例として、『ごんぎつね』（光村図書　四年）の読みで育てる力のアウトライン（主として「B対象認識力」に絞って述べる）を提示します。

『ごんぎつね』の題名から、「ごん」というきつねが登場するのだろうと予想されます。ごんが主人公だろうか。きつねに「ごん」という名前が付けられている。だれに付けられた名前か。名前を付けた者とどんな関係だろうか。このように題名に誘われて読み手は作品世界への期待をふくらませ、冒頭（「…いろんなことをしました」まで）を読み進めていきます。

これは、わたしが小さいときに、村の茂平というおじいさんから聞いたお話です。

語り手が村の茂平というおじいさんから聞いたお話で、それを物語るという形式です。わたしという語り手の内面を通した話です。

むかしは、わたしたちの村の近くの中山という所に、小さなおしろがあって、中山様というおとの様

がおられたそうです。

その中山から少しはなれた山の中に、『ごんぎつね』というきつねがいました。ごんはひとりぼっちの小ぎつねで、しだのいっぱいしげった森の中に、あなをほって住んでいました。そして、夜でも昼でも、辺りの村へ出てきて、いたずらばかりしました。

わたしが村の茂平じいさんから聞いた話であり、中山様というおとの様がおられたそうですということを考えあわせると、語りの今をさかのぼった少し昔の話であろうかと推測されます。舞台は中山様のお城のある所、そこから少し離れた山の中、村にかけての一帯です。ごんぎつねは「子ぎつね」ではなくて「小ぎつね」とあります。大人になりかけのきつねでしょう。しだのいっぱい茂っている森に穴を掘って住んでいます。親ぎつねから自立して、人目につかないように用心しています。ごんはいわば村の部外者みたいな存在で、孤独です。「いたずらばかりしました」とあります。いたずらの中でも菜種がらに火をつけるいたずらは、村人にとってとても困るいたずらで、山火事にでもなったら大変です。村人はごんを快く思っているはずがありません。村人とごんぎつねは非友好的な関係（人物関係）です。ごんは村の道を大手を振って歩けるような状況にありません。ごんの生きている状況（状況と人物の関係）、ごんのいたずらをするという性格（人物の性格）、ごんと村人との非友好的な関係（人物と人物の関係）が何か事件を引きおこすのではないか、読み手はこのような作品世界の未来への展開を予想しつつ読みます。人物を取り巻く状況や人物像のアウトライン、人物と人物の関係などをとらえて読み進めます。

ここまでの読みの過程で育つ読みの力の主要なものを抜きだしてみましょう。

『ごんぎつね』の題名・冒頭を読む力

㋐ 状況と人物を関連づけてとらえる力

a ごんぎつねの生きている状況をとらえる

・時（今をさかのぼった少し昔）

・所（舞台はお城の近くから村にかけての一帯）

・住まい（親と離れ独りぼっち。森のしだの茂った穴の中に住む）

・人物の生きている社会での位置（村の部外者的存在？）

b ごんぎつねの人物像をとらえる

・独りぼっちの小ぎつね

・菜種がらに火をつけたりしていたずらばかりしている

㋑ 人物と人物の関係をとらえる力

・ごんと村人との非友好的な関係をとらえる

（㋐と㋑の力が協同しあってさらに読みは深まっていく）

※読み手の予想はごんと村人との関係についてである。予想は自由であっていい。

（以後の展開部分の読みの力は省略する）

6章の読みに入る前に冒頭から5章までのまとめをしておく必要がある。そのまとめの主な項目である。

冒頭から5章までのまとめ

㋑ 人物と人物の関係をとらえる力（冒頭から5章まで）

○ごんは兵十をどう見ていたか（ごん↓兵十　◎読みを分析・総合する力）
a　村の小川のつつみで、草の深い所からのぞいてみて、「兵十だな。」とすぐわかった。（兵十を認知する）
・ちょいといたずらがしたくなった。（いたずら心）
b　兵十のうちの前――「兵十のうちのだれが死んだんだろう。」（兵十のうちのことが気にかかる）
・「ははん、死んだのは、兵十のおっかあだ。」（死んだのは兵十のおっかあだと村の墓地で確かめた）
c　その晩のごんの反省
・「ちょっ、あんないたずらをしなけりゃよかった。」（ごん―内省する人物）
d　赤い井戸で麦をとぐ兵十に同情を寄せる
・「おれと同じ、ひとりぼっちの兵十か。」
e　「かわいそうに兵十は、いわし屋にぶんなぐられて、…」（ごん―共感できる人物）
「ごんはこう思いながら、そっと物置の方へ回って、その入り口にくりを置いて帰りました。」
f　ごんは、5章の終わりで、「神様にお礼を言うんじゃあ、おれは引き合わないなあ。」と思う。
○兵十はごんをどう見ていたか。（兵十↓ごん　◎人物同士の関係を捉える力）
a　「いたずらばかりするきつね」↓いたずらぎつね（村人も同じに思う）
b　「うわあ、ぬすっとぎつねめ。」↓ぬすっとぎつねめ（「め」に憎しみがこもる）
・兵十は「いたずらぎつね」「ぬすっとぎつねめ。」とずっと思いつづけている。
・ごんが栗や松茸をくれていることは知らない。
・兵十とごんとの関係はすれちがっている。

6章・作品全体を読む力

一読総合法の読みはことば・表現に即し部分、部分を分析・総合して読みすすめます。作品世界の展開を予想・推測し、期待感を高めて読みます。通読（通し読み）はしないので作品とは常に新鮮な出会いです。

『ごんぎつね』の終結（六章―作品全体を対象とする）の主な読みの力を挙げてみましょう。

6章のテキストです。

6

その明くる日も、ごんは、くりを持って、兵十のうちへ出かけました。兵十は、物置でなわをなっていました。それで、ごんは、うちのうら口から、こっそり中へ入りました。

そのとき兵十は、ふと顔を上げました。と、きつねがうちの中へ入ったではありませんか。こないだ、うなぎをぬすみやがったあのごんぎつねめが、またいたずらをしに来たな。

「ようし。」

兵十は立ち上がって、なやにかけてある火なわじゅうを取って、火薬をつめました。そして、足音をしのばせて近よって、今、戸口を出ようとするごんを、ドンとうちました。

ごんは、ばたりとたおれました。

兵十はかけよってきました。うちの中を見ると、土間にくりが固めて置いてあるのが、目につきました。

「おや。」

と、兵十はびっくりして、ごんに目を落としました。

「ごん、おまいだったのか、いつも、くりをくれたのは。」

ごんは、ぐったりと目をつぶったまま、うなずきました。

兵十は、火なわじゅうをばたりと取り落としました。青いけむりが、まだつつ口から細く出ていました。

作品の終章（6章）の読みです。この読みの地点で作品世界の全体像をつかむことができます。読みの過程で解決しないで問題になってきたことを解き明かすことができます。最大の関心事はごんと兵十の関係がさらにどう展開するかです。5章でごんの内面は揺れていました。「おれは引き合わないなあ。」と思い、兵十につぐないをしているのは「神様」ではなくこの「おれ」だよと言いたい気持ちです。ごんは兵十にわかってほしいと思っています。ごんはつぐないの行動を続けるのではないか。これが5章での問いです。読みの全総合をしようとする読みの動機づけが大切です。必要に応じて前の章を読みなおします。冒頭から5章までのまとめのノートを見なおし、展開・構成などを確認します。教室には通常、これまでの読みのポイント、押さえる表現などが模造紙に書いて貼ってあります。それを見ながら本時までのまとめをしておきます。

○明くる日のごんの行動

・その明くる日も、ごんはくりを持って、兵十のうちへ出かけた。（ごんのひたむきなつぐないの行動）

・「おれは引き合わないなあ。」と思いながらもひたむきにつぐないをするごんぎつねなのである。おれのつぐないを兵十にわかってほしいと思いながら。

㋒　ストーリーの展開・構成等をとらえる力

○わかりあえない関係が引きおこした悲劇（◎因果関係をつかむ力）

・「きつねがうちの中へ入ったではありませんか。」

？なぜ、「ごんぎつねが…」ではなく、「きつねが…」なのか。

・兵十がふと顔を上げて目に入ったのは、「きつね」なのである。

・「きつねがうちの中へ入ったではありませんか」とある。兵十にとって「きつねがうちの中へ入る」のは、見すごせないことなのだ。

・「こないだ、うなぎをぬすみやがったあのごんぎつねめが、またいたずらをしに来たな。」

兵十には「うなぎをぬすみやがったきつね」と見えた。またいたずらをしにきたのか。家の中へ入るとは、「もう、我慢ならない。」という兵十の怒り。

○火なわじゅうで撃つ事件・悲劇と衝撃

・「今、戸口を出ようとするごんを、ドンとうちました。」（近い距離から狙っての銃撃）

・「ごんは、ばたりとたおれました。」（悲劇が起きた）

・「土間にくりが固めて置いてあるのが、目につきました。」

「おや。」

・「ごん、おまいだったのか、いつも、くりをくれたのは。」（兵十はやっと事態がわかった）

・「ごんは、ぐったりと目をつぶったまま、うなずきました。」（わかってくれたかというごんの思い）

・「兵十は、火なわじゅうをばたりと取り落としました。」（兵十の行動描写―茫然自失の心）

○象徴（シンボル）

・「青いけむりが、まだつつ口から細く出ていました。」（取りかえしのつかない悲劇の象徴）

㊥　テーマをとらえる力

○作品全体をとおして追求している問題を考える

・ごんの生きる状況と行動―ごんは村の家のうらを通らざるをえない状況。

・「いたずらぎつね」―いたずらばかりしているから村人と非友好的関係の中に生きる。

・兵十に「ぬすっとぎつねめ。」と、どなりたてられた。

・兵十や他の村人の目につかないように行動する。村のアウトサイダーとして行動してきたごんの生き方。

・兵十の火縄銃に撃たれるという悲劇をとおして通じ合えた悲しみ。

〈テーマをめぐっての子どもの読み〉

わたしの授業ではＴＫが語り手について鋭い見方を学習仲間に示した。

「茂平じいさんからこの話を聞いた語り手が、強く語っているのは、いたずら者でも、けっして悪者じゃあない。人にはそれなりの優しさがあるということです。人と人との心のすれちがいの悲しさに強く心を打たれたんだと思います。」

㊉　読み手としての意味づけ、価値づけ、評価する力

わたしの四年生のクラスではＳＫが心のすれ違いに目を向けた意見・感想を書いた。

「私は、人と人との心のすれちがいの悲しさを味わったことがあります。自分と相手の心が通じ合わなかっ

たのです。私はその友達を信じていました。それなのになぜか通じ合わなかったのです。まだ自分の心の中に相手を憎む心があったのです。でも、その心をなくし、相手と通じ合ったときの喜びはものすごかったです。」

作品全体を読む中で読み手の中に形づくられた意見や感想を最後にまとめる。作品世界をかいくぐることによって自分の生きている現実や自分の生き方などについて考える。

4　一読総合法の話し合いの過程で育つ力

一読総合法の授業はひとり読みと話し合いが授業の基本過程です。ひとり読みの過程では、Ⓐ文章理解力とⒷ対象認識力が相互に関わりあって機能します。話し合いの過程は集団学習であり、協同の学びでもあります。一人ひとりの読みが皆の前に発表され、集団思考によってそれはより深められていきます。この過程で育つ力の主なものは次のようなものです。

a　自分の読みを深めたりまとめたりしていく力

b　自分のひとり読みを他者に分かるように発話・発表する力

c　他者の読みを受けとめて、自分の読みと比べたり、相互に読みを深めあったりする力

aは、ひとり読みで、自分の先行知識や経験を総動員して、自分としての読みを確立していく力です。話し合いの中で自分の読みを対象化してとらえ直したり、修正したりしていきます。cは他者の読みを理解し、自分の読みとの重なり合い、補足、違い等を判断して意見を述べ合い、集団思考をおし進めていく力です。自分、自分の読みを討論の中で、対象化し、集団思考・学習という協同化活動によって、一人で

は到達しえない読み、作品の新しい意味や作品世界の発見をしていきます。一読総合法の授業の優位性の一つはここにあります。

わたしたちは一読総合法の読みを通して、豊かな文学言語に触れることによって、鋭い文章理解力（言語力）を育て、人間や社会に対する深い認識や感性を育て、読み手主体を創造することを目ざしていきたいと考えます。このようなヴィジョンを具体化し、実践化していくことが今日求められています。

X　一読総合法に関わる用語解説

【一読総合法】

文章は線条的に展開しているとして、全文章の通読をせず、部分ごとに立ちどまり分析・総合して読み進める方法である。すでに読みとった部分と今読んでいる部分とを関係づけし、内容の展開・発展を予想（予見）する。終わりの部分（終結部分）に至ったとき、全文章の全総合をして読む。通読を経て精細な読みそして味読という三読をしない読みの方法から「一読総合法」と名づけられた。ことば一つひとつの意味・はたらき（語感も）をていねいにふまえ表象・概念を喚起し、表現に即して読んでいく。読み手のことばへの反応を書きこみ（書きだし）し、一人ひとりの読みを基に話し合う。ひとり読みと話し合い（読みの協同化）が読みの授業の基本過程である。学習集団で多角的・多様な学びを生みだすところから、読みを個に閉じこめず、学びを拓く授業として注目されている。指導・学習過程は概ね次のとおりである。

・前時までの想起→ひとり読み（書きこみ・書きだし）

→話し合い

（この学習過程の中で話しかえ、小見出しづけ、音読・表現読み、予想、意見・感想のまとめなどを行う）。

【題名読み】

一読総合法でいう題名の読みのこと。読みは題名から始まる。題名のことばを吟味したりそれから受ける印象・思いを話し合ったりして本文の読みに入っていく。文章の展開過程で題名と関連づけ、総合化した読みを重視する。

【立ちどまり】

一読総合法において全文章を通読せず、部分ごとに立ちどまって読む行為から名づけられた。「立ちどまり」の各部分を「立ちどまりの範囲」とよぶ。立ちどまり箇所は文章表現のあり方、展開・構成などを考慮するとともに、読み手の読みの力、一読総合法への習熟の度合いなどを配慮した指導計画によって決められる。立ちどまりの箇所の違いが読みの内容に影響を与えることもあり、指導上配慮すべき課題の一つである。

【ひとり読み】

「ひとり読み」とは読み手がことば一つひとつの意味・はたらき（語感も）をていねいにふまえ自分の経験・知

識などを想起し、表象を形成したり、概念を喚起し考えたりして文章の内容を理解する言語活動であり、認識活動でもある。その過程で読み手の意見・感想・批判などを持つことが大事にされる。文章のことば刺激を受け先入観を持たずに読み手のことばの力、想像力、思考力などを総発揮しつつ、感情をも喚起して読むこと、このような主体的な読みを保証することから、名づけられた。
先ず読み手が自力を発揮して文章を読むことすなわち一人ひとりの読みを確立することを読みの授業の始めに位置づける。通常、ひとり読みは「書きこみ」「書きだし」をしながら進め、その内容を学習集団で話し合う。

【書きこみ】

「書きこみ」とは文章を読む過程で読み手の内面に生起したさまざまな反応をテキストの行間に書きこむことをいう。普通は短いことばでメモのように書きこむが、想像したことなどを書く場合は文の形で書きこみすることもある。「書きこみ」は読む文章の種類によって、また読み手の読みとった内容によってさまざまである。読み手の反応の違いによって、㋻＝わかったこと　㋔＝思ったこと　？＝疑問などの記号を用いる。読み手の読みの力や一読総合法の習熟度によっていろいろな記号が活用される。

【書きだし】

読みの過程で読み手の内面に生起したさまざまなことを直接行間に書いたりせず、ノートやワークシートなどの別紙に書きだしたりする行為である。行間に直接書きこむのと違って、つぶやきなどの読み手の反応がやや選択して書かれたり、概括化されたりする傾向がある。
「書きこみ」「書きだし」は自分の読みの反応をことばとして書きしるすことであり、自分の読みを総合化し、対象化するうえで効果的である。読む言語活動（理解）とともに書く言語活動（表現）が読みという認識・思考活動をより活性化するはたらきをする。

【話し合い】

読み手一人ひとりが文章を自分の知識と照らし合わせて読んだこと、経験をもとにして想像したこと（書きこみ・書きだし）などを重ね合わせたり、比べ合ったりする。学習者同士で協同してより豊かな読みを生み出す学習活動である。各自のひとり読みに基づく話し合いで情景や登場人物が多面的に見られたり、形象の意味がより深くとらえられたりして、読み手は多様な読みの視点を獲得する。この側面から見れば、話し合いは学習者同士で読みを協同して豊かに生み出すことであり、それはひとり読みの力を高めることでもある。一読総合法の授業ではひとり読みと話し合いが学習過程の中軸に据えられる。

【くわしい話しかえ】

くわしい話しかえとは文章表現をふまえ、読み手が書かれた内容を想像豊かに自分のことばで言いかえたり、具体化して話しかえたりして読むことを指す。くわしい話しかえは、文学的文章の読みの場合と説明的文章の読みの場合とでは異なる。

㋐　文学的文章の場合は表象を喚起したり、表現に即してより豊かに表象を形づくったりして読む。

くわしい話しかえは文章のどこでもするというのではない。書き手が目に浮かぶように描いている描写文をより豊かに思い描くとか、書き手が読み手の想像に委ねている表現の箇所などで行う。くわしい話しかえをするとともに、その表現の意味するものを同時に問題として考えることも忘れてはならない。文学の読みの授業でのくわしい話しかえは作品世界を豊かに作りあげるものであり、情景描写文を基に思い描いたり、登場人物の心情などを想像したりする。情景描写とそれを見ている登場人物の心情とのひびきあいも考える。会話文などでは人物の行動の動機や感情のゆらめきをとらえる。このような学習活動をとおして読み手の作品世界を豊かに思い描く力、人物の心情を想像し思いやる力、他人の立場に立ち、他者の気持ちを考えることのできる力などを育てることを目指す。

㋑　説明的文章の読みの場合は、表現の一般的、抽象的な内容を具体化して考え、その内容を自分のことばで言いかえる。この場合、抽象的・一般的内容を具体化する方向に読みの思考が向かう。抽象化・一般化と反対の思考活動である。

【短い話しかえ】

文章表現を概括して捉えたり、小見出しをつけて内容を把握したりする学習活動である。段落や立ちどまり範囲の文章のポイント（本質的内容）をおさえ、総合化しまとめていく。事件の展開や論運びなどを捉えるうえで短いはなしかえは効果的である。

【小見出し】

立ちどまりの文章内容のポイントを押さえて要約し、短いことばで言い表したもの。これは文章の展開や構成を捉えるうえで有効である。文学作品の場合など、事件や人物同士の関係が複雑に絡まり合って展開するので、内容がかたよったり一面的になったりしないように小見出しをつける必要がある。

【予想】

今まで読んでいる文章の内容を基に読み手が文章の先の内容を想像・推測することを言う。読み手は今、目にしている文章を既に読んだ内容と関係づけをしつつ読み進める。その過程で読みの問題意識に基づき文章のこれからの展開（未来）をあれこれ想像したり推測したりすることによってさらに読みたいという関心・意欲を高めていく。

【意見・感想文】

文章を読んでいく中で読み手の内面に内容についてさまざまな思いや感想が生起してくる。それを自分のことばで書き表したものをいう。始めはまとまりのないものであっても、読み進めるうちによりまとまったものにし、文章全体の終結部分で統一的なまとまりのある意見・感想文を書けるように心がける。

【音読・表現読み】

発音、アクセントなどをきちんと音声化しつつ、テキストに即して読みとった内容を音声表現する読みである。読み手にとって文字ことばが音声ことばになる読みであり、自分の読みとりを確認し、他の学習者に自分の納得した読みを表現し伝える読みでもある。大久保忠利は聞き手意識ゼロの表現読みを主張したが、教室では他の学習者に自分の読みを音声をとおして伝える側面を無視するわけにはいかない。

【集団の読み】

読み手一人ひとりが文章を読み、書きこみしたり、書きだしたりした内容を基に話し合い、比べ合い、考え合うことをとおして生み出された学習集団の読みをいう。個人個人の読みが学習集団の読みを広く深くしていく。その読みは個人では到達できない多様な側面をもつ。集団で協同し合い生み出す読みであることから、「集団の読み」と呼ばれる。読みの授業で各自の読みが相互に刺激し合い、理解、尊重されるように心がける。

民間の教育研究者たちは「競争の学力から協同の学力」へ学力の転換を図ろうと提唱し、これに呼応して「協同の学び合い」、「共同の読み」の授業・実践がされている。一読総合法の読みの授業も個人個人の読みを基に共に学び合う読みであり、「共同の読み」といえる。学び合いの授業での読み手主体の協力・協同、各人の読みの理解・尊重などについて今後研究・実践を深めることが期待される。

外言・内言など

【外言】

外言とは、コミュニケーションの中で他人に向けて発せられた音声言語である。主に他者に伝達するはたらきをするが、話し手自身の聴覚器官を通して、話し手の内言にさらに作用する側面もある。話し合い（コミュニケーション）においては、話し手の「外言　⇅　内言」が、聞き手のそれと相互に作用し合う。日本人の場合は、通常日本語（国語）で外言される。

【内言】

「内言」とは、音声を伴わない「ことば　⇅　思考」と結びついた内なることばを言う。自分自身に向けられたことばである。「外言」は、他者に向け音声に載せて発せられる。この点が「内言」とは異なる。内言は、外言の対の概念である。

幼児は、ことばをつぶやきながらものごとを行うことが観察される。黙ってやりなさいと言うと作業がうまくできない。ヴィゴツキーは、これは幼児期特有の「自己中心語」であるとし、発達につれ音声は消え、内言が成立すると考えた。内言は思考と結びつき、計画を立てたり、作業を進めたりする働きを担う。すなわち、内言は人としての高次の思考・精神活動を可能にする。

内言では、主語が省略されたり文が圧縮されたりする特徴があり、人間の発達した「言語的思考」のもっとも重要な形式と言われる。話し合い（コミュニケーション）では、内言で思考しつつ外言し、同時にその外言をもとに話し手は、内言で考えをまとめ、さらに外言するという相互作用が連続的に行われる。

【音声言語】

音声を媒介として伝達される言語（話しことば―外言）である。

【文字言語】

文字を媒介として伝達される言語（書きことば）である。通常話しことばを土台として習得される。辞書などは文字言語で書かれ、利用者はそれを読んで理解する。

【書きことば（文字言語）の習得】

「書きことば」（文字言語）は、話しことば（音声言語）を基にして習得される。「書きことば」は、話しことばより抽象化されたことばである。

幼児期に、子どもたちは、大人による絵本などの読み聞かせによって、ひらがな（文字記号）に慣れ親しみ、ひらがなで書かれた簡単な文の意味が絵と結びつけて分かるようになる。

「書きことば」が、飛躍的に習得されるのは通常、小学校に入学してからである。日本語を表記する文字記号は、平仮名、片仮名、漢字、ローマ字、数字など多種にわたり、習得するのにかなりの訓練と努力を要する。

自分の思い・考え（内言と結びついたもの・こと）を文字で表記・表現するには、語彙と共に文字・文法の知識も必要とする。

「書きことば」の習得は、第二のことばの獲得とも言われ、「話しことば」と相互に関連させて指導することが望まれる。

あとがき

今日、子どもたちは、仲間と触れ合って思いっきり遊んだり考えたことを語り合ったりすることが少なくなっています。であるからこそ授業の中で共に想像を膨らませたり意見を交換したり共感したりする学びが求められています。

一読総合法の読みの授業は、自分の読みを基に交流を深めていきます。コミュニケーションを深めていくことでことばと思考を磨き合います。お互いに働きかけ合う対話によって発達の道を切り拓いていきます。

東京都では児言研の研究例会が毎月開かれています。そこでは会員各自の授業実践を報告し合います。お互いの教材の見方が報告されたり指導の計画が適切かを吟味したりします。そのような協同の研究の中で授業実践を検討し合います。児童の多様なひとり読みが赤裸々に披露されます。その児童の発話に私達は触発されます。子どもの新しい読みの発見の中に子どもの発達の可能性を掴みます。

小学校一年生から六年生までの本書の授業・実践を検討してみてください。児童の文学の読みの実態や想像力の発達の過程が見えてきます。

二〇一一年から毎月、児童言語研究会の基礎理論研究会でヴィゴツキーの著書（『子どもの想像力と創造』『思考と言語』『文化的・歴史的精神発達の理論』『教育心理学講義』など）を学んできました。麻実ゆう子氏（イギリスのロンドン大学で博士号を取得）がチューター役をつとめ、いろいろ教示していただきました。この場を借りて感謝申し上げます。

私達は理論の学習と授業実践の研究の両面において恵まれた環境の中で子どもの読みの発達過程を検討してきました。その成果の結実の一端が本書です。

私達の研究・実践は追究の途上にあります。読者の皆様から批正していただければ幸甚です。

本書の出版に子どもの未来社のご支援と協力をいただきました。加藤悦子氏には大変お世話になりました。ここに厚くお礼申しあげます。

二〇二一年三月　吉日

児童言語研究会研究参与　関　可明

参考文献

『大久保忠利著作選集　第一巻～六巻』　代表 大久保愛　三省堂
『現代国語教育史研究』　田近洵一　冨山房インターナショナル
『国語教育の過去・現在・未来像』　大木正之編著　一光社
『国語教師の力量を高める』　井上尚美　明治図書
『小学国語　文学・説明文の授業』（1年～6年）　児童言語研究会編　子どもの未来社
『読み合う教室へ　文学の読みの授業』　木下ひさし　百合出版
『子どもの想像力と創造』　ヴィゴツキー　新読書社
『思考と言語』　ヴィゴツキー　新読書社
『文化的・歴史的精神発達の理論』　ヴィゴツキー　学文社
『教育心理学講義』　ヴィゴツキー　新読書社
『ヴィゴツキー心理学』　中村和夫　新読書社
『はじめて学ぶ　ヴィゴツキー心理学』　明神もと子編著　新読書社
『授業の構造とヴィゴツキー理論』　麻実ゆう子　子どもの未来社
『一読総合法　読みの授業と理論』　関　可明編著　子どもの未来社
『想像力を高め合う文学の授業』　関　可明　一光社

ストーリー　189,196
精神間機能　174

【た】
対象認識力　187,188,190,198
題名読み　27,111,203
立ちどまり　203
知的発達水準　171
抽象的思考　119,120,180
テーマ　73,118,126,173,179,189
同化　48,65,68,115

【な】
内言　17,18,20,42,138,207
人間認識　95
認識　184,186,187
認知　184,187
ノート作業（指導）　137,139,140

【は】
話し合い　23,180,204
話しことば　20
ひとり読み　23,198,203
比喩表現　151,153
表現構造　70,87
表象（イメージ）　20,184
文学言語　187
文学の準体験　172
文学の読みで育てる力　187
文章理解力　187,198
分析・総合　186
冒頭の読み（力）　192
本質的認識　184,186

【ま】
短い話しかえ　205
文字言語　42,208
モチーフ　73,79

【や】
予想　33,206

【索　引】

【 事　　項 】

【あ】
アウヘーベン　147
異化　48,115
意見・感想（文）　197,206
一読総合法　23,40,174,203
意味づけ　110,186,197
イメージ（表象）
28,112,114,125,150,184
音声言語　208
音読・表現読み　42,151,206

【か】
外言　207
概念　184,187
書きことば　19,20,208
書きこみ（記号）　174,204
書きだし　174,204
語り手　82,173
語りの構造　81
価値づけ　186,197
関係認識　184
感情　17
感情移入　49
感動（体験）　133,172
教授―学習　140,171
虚構　105,127,172
協同の読み　174,179,180
クリティカル・リーディング　180
くわしい話しかえ　205

形象 51
言語活動　135
言語的思考　83,95,115
行動描写　91
小見出し（づけ）　138,206

【さ】
最近接発達の領域（発達の最近接領域）
141,171,173,175,179,180
自覚　18,52,120,139,140,177
自己中心的行動　52
視点　69,173
自問・自答　42,111,157,180
集団思考　198
集団の読み　206
準体験　172
情景描写　88
情動　18,53
象徴　112,120,197
自己意識　45
自力読み　174,180

【授業者紹介】

伊藤　信代　児童言語研究会東京支部
『モチモチの木』の授業・実践

荻野　浩毅　児童言語研究会東京支部
『一つの花』の授業・実践

関　可明　児童言語研究会東京支部
『やまなし』の授業・実践

丹野洋次郎　児童言語研究会東京支部
『たぬきの糸車』の授業・実践
『大造じいさんとガン』ノート指導

藤原真理亜　児童言語研究会埼玉支部
『わたしはおねえさん』の授業・実践

【著者略歴】

関　可明（せき　よしあき）

1937 年　島根県益田市に生まれる
1961 年　東京学芸大学卒業
1963 年　児童言語研究会に入会
1998 年　東京都足立区立加平小学校退職
2003 年　児童言語研究会委員長
2008 年　児童言語研究会研究参与

〈著書〉
『国語教育・四年生』（あゆみ出版）
『楽しくわかる国語の授業』（一光社）
『人間形成と文学の授業』（あゆみ出版）
『想像力を高め合う文学の授業』（一光社）
『脳が元気になる読み聞かせ』（一光社）
『一読総合法　読みの授業と理論』（子どもの未来社）

〈共著〉
『読めばなっとく　日本語文法』（子どもの未来社）
『今から始める　一読総合法』（一光社）
『言葉の力を育てる　レポートとプレゼンテーション』（明治図書）

イラスト　鳥取秀子
編　集　　加藤悦子
装丁・本文デザイン　松田志津子

多様な読みを学び合う
文学の授業の創造　ヴィゴツキーの発達論から授業を見直す

2021 年 4 月 26 日　第 1 刷印刷
2021 年 4 月 26 日　第 1 刷発行

著　者　関 可明
発行者　奥川 隆
発行所　子どもの未来社
〒 101-0052 東京都千代田区神田小川町 3-28-7-602
TEL 03-3830-0027　FAX 03-3830-0028
E-mail：co-mirai@f8.dion.ne.jp
http://comirai.shop12.makeshop.jp/
振　替　00150-1-553485
印刷・製本　モリモト印刷株式会社

ISBN978-4-86412-193-4　C0037　NDC370